**Der Kölner Witz**

Dieter Höss

# Der Kölner Witz

Wo kommt er her?
Wo führt er hin?

GREVEN VERLAG KÖLN

© Greven Verlag Köln GmbH 2011
Lektorat: Martin Mölder, Erftstadt
Gestaltung: Thomas Neuhaus, Billerbeck
Satz: Thomas Volmert, Köln
Gesetzt aus der Adobe Garamond
Druck und Bindung: CPI – Clausen und Bosse, Leck
Alle Rechte vorbehalten.
ISBN 978-3-7743-0478-9

Detaillierte Informationen über alle unsere Bücher finden Sie unter:
**www.Greven-Verlag.de**

# Inhalt

# Vorwort

Ein Witz, den man lange erklären muss, ist keiner mehr! Das hat mir vor Jahren ein echter Kölner erklärt, als ich ehrlich bekennen musste, dass ich als imitierter Kölner einen Witz nicht richtig verstanden hatte. Nach fünfzig Jahren im Pointenregen verstehe ich jetzt die meisten Witze, kenne wahrscheinlich sogar mehr als manche anderen und lache deshalb auch schon einmal vor dem Tusch.

Aber warum die Kölner bestimmte Witze besonders einvernehmlich belachen und andere eher befremdlich finden, das blieb mir bis zuletzt rätselhaft. Und so schien es mir an der Zeit, nicht etwa den Kölnern ihre eigenen Witze zu erklären, sondern für mich eine Erklärung zu suchen, weshalb der Kölner für echt Kölner Witze nicht erst noch eigens eine Erklärung braucht.

Die Auswahl der Witze, die bei diesem Klärungsversuch als Beispiele dienen, ist subjektiv und gehorcht einer Regel: Sie sind mir, zum Teil bereits vor meiner Ankunft in Köln, aus Kölner Mund zu Ohren gekommen, oder ich habe sie aus authentischen Kölner Quellen zitieren gehört. Ich gebe sie, wenn nicht mit meinen Worten, so jedenfalls in der Fassung wieder, wie sie mir jetzt noch erinnerlich sind.

Mir ging es darum, dem geheimnisvollen Lachpotential auf die Schliche zu kommen, das noch in den dümmsten Kalauern steckt und sich aus Urquellen speisen muss, von denen sich ein Imi nichts träumen lässt. Vor allem brannte ich darauf zu ergründen, welchen rätselhaften Charakter-Mix aus Naivität und Schlitzohrigkeit, aus Gutmütigkeit und Verschlagenheit zwei solche Typen wie Tünnes und Schäl verkörpern müssen, um die beiden Identifikationsfiguren für die Kölner zu werden.

Sind die Kölner verkappte Scherz-Extremisten, die Witzanschläge auf das Establishment proben? Sind sie verschlagene Satire-Anarchisten, die die Festordnungen zerstören wollen? Sind sie heimliche Ironie-Liebhaber, die lieber leise lachen, statt laut zu schreien? Oder sind sie schlicht die natürlichen Feinde jeder Amts-, Befehls- und Bedeutungshuberei?

Bei aller respektlosen Distanz zur Obrigkeit – behält der Kölner zugleich nicht auch gern den gehörigen Draht nach oben? Steckt im Humor der Kölner – immer in Balance mit sich selber da unten und dem da droben – nicht in Wahrheit eine tiefe Philosophie, der kölsche Dualismus? Hatte nicht ein rheinischer Professor, Heinrich Lützeler, bereits in der Mitte des vorigen Jahrhunderts diesbezüglich Licht in ihre humoristischen Daseinsäußerungen gebracht? Und vollführt nicht fünfzig Jahre später ein leibhaftiger Diakon namens Willibert Pauels bei jedem seiner Auftritte als Bergischer Jung genau denselben Spagat zwischen erschütterndem Realitätssinn (vulgo: Et es, wie et es!) und unerschütterlichem Wunderglauben (vulgo: Et hät noch immer jot jejange!).

Keine Bange! So ernst, wie die Fragen jetzt klingen, sind die Antworten in dem Buch nicht zu nehmen. Sie mögen in einigen Fällen klären, an welcher Barttracht man ihn erkennt, den

Kölner Witz. Wenn es den überhaupt gibt. Denn in wieder anderen Fällen machen Witze in Köln nur Station auf der Walz, bevor sie ihren Bärten nach weiter wandern. Doch warum sollten diese nicht wie jene auf Zeit dort zu Hause sein, wo so viele Menschen über sie lachen? Sollen wieder andere darüber ruhig ihre Witze machen!

Köln, im Februar 2011

# Der familiäre Witz

*Der Schäl will sich scheiden lassen.*
*„Jitt et dann nen Jrund?" will der Tünnes wissen.*
*„O jo dat! Ming Frau. Die läuft mer ze vill en de*
*Weetschafte."*
*„Ich woss jo jar nit, dat die süff."*
*„Die süff och nit, die sök mich!"*

Solange im alten Kölle die Ehe als die Keimzelle der soliden Familie galt, solange galt auch die kölsche Kneipe als die Keimzelle zu manchem ebenso soliden Ehekrach. Zwischen diesen beiden Polen schwanken nicht nur die beiden urkölnischen Witzfiguren Tünnes und Schäl. Dank diesem Zwiespalt halten sich auch andere Scherze zäh am Leben. Und in Dualismen wie diesem üben sich die Kölner mit wahrer Begeisterung.
Dass die beiden prominentesten Witzfiguren der Stadt sich auf gut kölsch Tünnes (von Anton) und Schäl (von einem, der schielt) rufen lassen, beweist noch nicht allzuviel. Sie verdanken ihre Präsenz, ihre Prominenz und sogar ihre reale Existenz schließlich nur dem Hännesche, nicht der Stockpuppe, sondern den berühmten Kölner Puppenspielen am Eisenmarkt, die nach

dessen männlicher Hauptfigur benannt worden sind. Und die sind schließlich im Vergleich zur zweitausendjährigen Stadtgeschichte auch noch gar nicht so alt.

Erst seit sie dort zum festen Ensemble gehören, weiß jeder gute Kölner genau, wie die zwei berühmtesten Kölner aussehen. Erst seit sie dort auftreten, haben sie auch das etwas hölzerne Erscheinungsbild geprägt, das die meisten von den zwei Originalen in ihren Köpfen tragen: Tünnes rundlich und gedrungen, naiv und gutmütig, der Arbeit abgeneigt und dem Alkohol zugetan. Schäl hoch aufgeschossen und hinterlistig, mit schiefem Blick und losem Maul über andere herfahrend, aber in geselliger Runde von ebensolcher Trinkfestigkeit.

Jungen Paaren waren die alten Witze, auch die von Tünnes und Schäl, nie eine Warnung und neuen Familiengründungen nie abträglich. Mit schlafwandlerischer Sicherheit finden die Verliebten auch heute im Stadtwald oder auf dem Heimweg von der Disco ihren vom Vollmond beschienenen Weg. Der kann dabei allenfalls einmal zum Scheideweg werden, wenn nach echt kölnischer Wesensart dem Sinn für Romantik der Sinn für Realitäten entgegensteht.

*Sternklare Nacht. Auf einer Bank sitzt eng umschlungen ein Liebespärchen. Irgendwann weist der junge Mann nach oben und flüstert: „Sieh nur, Schatz – der große Wagen!"*
*Darauf löst sie sich ernüchtert aus seinen Armen: „So eine Nacht – und du redest von Autos!"*

Wegen ganz banaler Missverständnisse hängt auch später zuweilen der Haussegen schief, ohne dass dies dem beiderseitigen Glauben an Liebe, gute Partnerschaft und schöne Ehejahre immer gleich Abbruch tut. Von den Kleinen Leuten, groß geschrieben, wird noch zu reden sein. Aber nun sind zuerst einmal die wirklich kleinen Leute dran. Da ist zunächst einmal festzustellen, dass die Pänz, wie die Kölner sie liebevoll nennen, uns außer mit ihren altklugen Sprüchen nicht immer eitel Freude machen. Auch wenn kleine Mädchen gelegentlich von sich etwas anderes behaupten – die reinen Engel sind sie nicht!

Schon lange bevor die antiautoritäre Erziehung die Erwachsenen in zwei Lager spaltete, gab es immer auch Situationen, in denen sich die lieben Kleinen nicht den Erwartungen gemäß benahmen. Und auch damals gab es gewisse Eltern, die sie dafür nicht nur nicht bestraften, sondern ausdrücklich darin bestärkten. Das bestätigt ein geradezu klassischer Dialog:

*„Darf dat dat?“*
*„Dat darf dat!“*
*„Dat dat dat darf!“*

Ich habe diesen Wortwechsel selbst gehört, als Erwachsene ihn noch in vollem Ernst führten. Später wurde er mehr als Witzzitat verwendet, um die besondere Großzügigkeit der Kölner und insbesondere Kölnerinnen in Disziplinfragen zu belegen. Schon der Bonner Humor-Professor Lützeler versuchte ja, daraus deren bedarfsorientierte Philosophie herauszulesen. Bei Lützeler war der Anlass des Dialogs noch das, was man im Dialekt einen Mömmes, anderswo einen Popel und in der Kindersprache einen Nasenmann nennt und was zweifellos nicht dorthin gehörte, wo es der oder die liebe Kleine gerade befestigt hatte. Heute käme als Corpus Delicti wohl eher ein gut durchgekauter und dann ebenso ungeniert fehlplatzierter Kaugummi in Betracht.

Aber die Philosophie, die sich aus dem nachträglich erteilten Plazet ablesen lässt, wäre deswegen keine andere.

Die Eltern lassen ihrem Rotzblag eher jeden Verstoß gegen Anstand und Sitte durchgehen, als dass sie es irgendjemand gestatten, sich in ihre Erziehung einzumischen. Und das vierfache Da-da-da-da, nach dem der kurze Dialog abbricht, gemahnt nicht nur dem Klang nach an Beethovens Schicksalssinfonie. Wie da zuerst das Betragen des Kindes und danach auch die Haltung des oder der Erziehungsberechtigten zu diesem Betragen hingenommen wird, das hat schon auch etwas Schicksalsergebenes. Da zeigt sie sich, die Gabe des Kölners, sich mit Dingen abzufinden, die er nicht ändern kann, nicht ohne darauf hingewiesen zu haben, dass er es täte, wenn man ihn nur ließe. Auch der Begriff der Alleinerziehenden ist noch gar nicht erfunden, da schlägt sich so manche ledige Mutter schon mit ihrem mehr oder weniger ungeratenen Nachwuchs herum, immer bestrebt, ihm eine gute Erziehung angedeihen zu lassen. Gelegentlich klingt es beim Fräulein Schmitz von nebenan darum nicht wie bei kleinen, sondern wie bei feinen Leuten.

*Der kleine Jupp kommt von der Schule nach Hause, sieht seine Mutter am Küchenfenster*
*und ruft schon von weitem: „Mamm, wat jitt et hück Meddach ze esse?"*
*„Böhnchen, mein Söhnchen!" flötet die zurück.*
*„Wat jitt et?"*
*Darauf die Mutter, schon leicht gereizt: „Bohnen, mein Sohn!"*
*„Wat jitt et?"*
*Da platzt die Mutter: „Bunne, du Ooß!"*

Das verzweifelte Bemühen um eine ordentliche Ausdrucksweise spiegelt sich auch in der folgenden Szene ungeratener Pänz untereinander. Sicherlich haben Tünnes und Schäl schon einmal fast dieselbe Unterhaltung geführt. Das soll uns augenblicklich aber nicht irritieren. Dass Situationen sich wiederholen und dabei von Mal zu Mal verändern, ist man schließlich nicht nur von Witzen gewöhnt. Die Mutter hat jedenfalls auch während dieser Szene einen Fensterplatz.

*Auf dem Spielplatz stupst ein Schulfreund den kleinen Anton an: „He, Tünn, ding Ahl verrengk sich am Finster der Hals un es ald de janze Zick no dir am rofe!"*
*„Also, eeschtens kannste dat vun he us jar nit sinn! Zweitens es dat nit ming Ahl, sondern ming Mamm. Un drettens heiß dat för dich allemole noch Frollein Schmitz!"*

Der Versuch, die Kinder zu Höherem und also auch zur hochdeutschen Sprache zu erziehen, findet sich aber auch in Familien, in denen durchaus ein Vater vorhanden ist. Die Sprachregelung galt vor allem dann, wenn dieser Vater mehr als nur sprachlichen Ehrgeiz besaß und es beruflich zu etwas bringen wollte, während die Mutter durch gezierte Aussprache unter Beweis stellte, dass man es zu etwas gebracht hatte. Mein Großvater hatte es vom armen Waisenkind immerhin bis zum preußischen Amtmann gebracht. Kölsch war in einem solchen Haus selbstredend verpönt. Die „Piamtenjattin" sprach Hochdeutsch oder was sie dafür hielt. In manchem der alten Millowitsch-Schwänke wurden sie und ihresgleichen deshalb wieder zu Witzfiguren degradiert und gekonnt persifliert. „Kölsch mit Knubbeln" nennt das verächtlich der Teil der Kölner, der zum unverfälschten Kölsch steht.

Der richtigen Tonlage entsprach selbstverständlich auch die richtige Wohnlage. Der besagten Beamtengattin nebst Sohn und Tochter war es zeitlebens wichtig, im standesgemäßen Viertel zu wohnen. Wir hatten 1953 das Glück, eine Wohnung am Gottesweg zu bekommen. Andere litten danach an der deutschen Teilung. Meine Mutter litt darunter, dass diese Straße postalisch geteilt war, wodurch die nordöstliche Seite, auf der unser Haus stand, anstatt zu Klettenberg zu Sülz gehörte. In Klettenberg, dem spöttische Zungen den Namen Lackschuhviertel verpassten, hatten auch ihre Eltern gewohnt. Und nun saß sie in Sülz! Bah, wie gewöhnlich! Überflüssig zu erwähnen, dass sie als Absenderadresse beharrlich weiter Köln-Klettenberg schrieb.

Ihr Singsang blieb zeitlebens rheinisch gefärbt, aber richtig Kölsch schwade lernte sie nie. Denkwürdig auch der Satz meines Onkels, mit dem er sich dagegen verwahrte und der in nichtrheinischen Ohren denn doch sehr komisch klang: *„Isch"*, erklärte dieser Onkel zischend, *„schpreche kein Kölsch!"* Als tolerantes Mitglied einer toleranten Kölner Familie hatte er ansonsten nichts gegen den Kölner Dialekt. Solange ihn andere woanders sprachen.

*Im Hause der Familie Schmitz (weder verwandt noch verschwägert mit jenem Fräulein Schmitz, von dem eben die Rede war) hat es deswegen wieder Streit gegeben. Nachdem der Vater Türen schlagend einen trinken gegangen ist, nimmt der Älteste daheim die weinende Mutter mit den Worten in den Arm: „Wie schön künnte mer zwei et zesamme han, wann do der Papp nit jehierot hätts!"*

Wenn nicht gerade einWaisenkind wie mein Großvater wieder ein Waisenkind freit, erweitert sich die frisch gegründete Familie noch vor der ersten Niederkunft um das, was er respektlos die „buckelige Verwandtschaft" nannte. Der Bräutigam hat sich glücklich die Braut, die Braut den Bräutigam angelacht. Jetzt werden die beiden mit Schrecken gewahr, was sie sich da alles mit angeheiratet haben.

Solange es von einer der beiden Omas ein Häuschen zu versaufen gibt, will man ja nichts Böses sagen. Sehr viel schwieriger wird es schon, eine mögliche Erbtante Klara von ihrer teuren Reise in die Sahara abzuhalten. Und ausgesprochen peinlich kann es werden, wenn ausgerechnet die Tante, von der man das zuallerletzt gedacht hätte, wieder einmal die ganze Nacht nichts anderes tut, als die Familie bloßzustellen. Denn es ist der Verwandtschaft größte Angst, die Verwandtschaft könnte sie blamieren.

Nun sind Verwandte nicht so schlimm, solange sie ihrer Wege gehen. Schlimmer sind sie, wenn sie andauernd kommen. Und am allerschlimmsten, wenn sie zu lange bleiben. Der Liedautor und Krätzchensänger Ludwig Sebus hat diese wahre Prüfung jeder Familie noch erstaunlich verständnisvoll besungen:

*Och Verwandte, dat sin Minsche,*
*jeder muss dat doch verstonn!*
*Jo, m'r freut sich, wenn se kumme,*
*un es jlöcklich, wenn se jonn!*

Aus den Büttenvorträgen der Doof Nuss, einem der Großen im Sitzungskarneval, meine ich mich außer einem hässlichen Schwesterchen auch an einen lästigen Onkel erinnern zu können und vor allem daran, welch ein herzig-familiärer Umgang bei dessen Verwandtenbesuchen im Hause Hachenberg gepflogen wurde.

*Wie mingen Onkel Engelbät ens widder bei uns op Besöck
jewäse wor, dät der mich, wie der widder jingk, zoletz
froge: „Wat es, Jung, willste mich nit noch bes an de Bahn
bringen?“*
*Ich sage: „Nä, Onkel, wann du fott bes, jitt et Esse.“*

Außer der eigentlichen Familie gibt es Menschen, die zur Familie gehören. So genannte Nennonkel und Nenntanten. So genannte Seelenverwandte oder auch Verwandte im Geiste – den Brieffreund, den Busenfreund, den Hausfreund. Und es gibt die familiären Gefühle, die sich aus der gleichen Umgebung und der gemeinsamen Arbeit ergeben. Da auch hier oft zwischen den Ansprüchen und der Befriedigung dieser Ansprüche eine tiefe Kluft besteht, sind Abstürze aus allen pseudofamiliären Wolken keine Ausnahme. Zumindest gibt es im täglichen Miteinander viel zu lachen, wenn nicht zu heulen. Nicht eigentlich ein Witz, aber drei kurze Erfahrungssätze legen die Gründe dafür treffend dar:

*Sie kamen sich näher, das brachte sie auseinander.*
*Nachdem sie sich zu kennen glaubten, lernten sie sich
kennen.*
*Als sie endlich per Du waren, war die Freundschaft perdu.*

Besonders peinlich kann es nach dem Urlaub werden, wenn sich Ehepaar mit Ehepaar, Familie mit Familie wieder trifft. Die vermeintliche Nähe ergab sich nur in der Ferne. Die angebliche Verwandtschaft hält dem Blick daheim nicht stand. Manche neu gewonnenen Freunde, die im Urlaub schon zur Familie gehörten, rücken einem in der eigenen Wohnung nun ungehörig nah auf den Pelz.

Es ist durchaus richtig, dass Urlaub verbindet. Aber nicht jede Verbindung muss auf die Dauer glücklich sein. Das haben auch Sonnemanns, meine Kölner Nachbarn, leidvoll erfahren.

*„Weiß gar nicht, wie wir damals an den Bodensee gekommen sind!" sagt Herr Sonnemann noch oft und schüttelt den Kopf.*
*„Am Bodensee waren wir vorher nicht und nachher auch nicht!" sagt dann Frau Sonnemann und nickt.*
*Aber da saß sie. In Meersburg auf dem Bänkchen. Dass sie auch Annette hieß, wie die Droste, die große Dichterin, wussten sie damals noch nicht. Nur, dass sie Nachbarn waren. Keine direkten Hausnachbarn. Aber man kannte sich. Vom Sehen. Und danach eben vom Bodensee.*
*So etwas verbindet, wie gesagt. Irgendwie grüßt man sich ganz anders als früher, wenn man sich sieht. Redet auch schon mal ein Wort miteinander. „Wann geht's denn wieder an den Bodensee?"*
*„Wie? Was? Ach so, ja! Nein."*
*Diese Annette war vorher nicht am Bodensee und nachher nicht, übrigens genau wie Sonnemanns. Aber den Bodensee hatte man jetzt gemeinsam, hatte eine schöne gemeinsame Erinnerung. Denn schön ist er ja, der Bodensee.*
*So hätte es bleiben können. Es weiß auch keiner mehr, wer zuerst den unseligen Einfall hatte, sich einmal gemütlich zusammenzusetzen, Sonnemanns oder Annette mit ihrem Mann, den man noch weniger gut kannte als sie und der damals auch gar nicht mit auf dem Bänkchen gesessen hatte. Der Bodensee gab jedenfalls bald keinen Gesprächsstoff mehr her. Meersburg auch nicht. Annette wusste noch nicht einmal etwas von der anderen Annette, der Dichterin. Und ihr*

*Mann kannte sie auch nur, weil sie früher auf den alten Zwanzigern abgebildet war. Andere gemeinsame Themen waren nicht vorhanden. Dafür aber jede Menge grundverschiedene Ansichten.*

*Die Beziehung ließ sich auch nicht auf eine harmlosere erotische Ebene verlagern; dazu fand man sich gegenseitig zu alt. Die Begegnung am Bodensee lag schon länger zurück. So wurde die Bekanntschaft nicht weiter vertieft. Der Kontakt schlief ein.*

*Was blieb, war die Erinnerung an den Bodensee. „Eigentlich wirklich ganz schön", sagt Herr Sonnemann oft und nickt. „Nur", sagt dann Frau Sonnemann und schüttelt sich, „dass wir ausgerechnet die dort treffen mussten!"*

„Und darum wird beim happy end im Film jewöhnlich abjeblendt!" dichtete Kurt Tucholsky sehr zu Recht. Es ist deprimierend genug, wie wenig vom Glück einer hoffnungsfroh begonnenen Ehe übrig bleiben kann, wenn die ersten Familienprobleme anstehen. Doch ebenso niederschlagend ist es, um wie viel sich das Glück jeder anderen Art von familiärer Beziehung verringert, wenn man im Nachhinein nüchtern bilanziert.

Umso misstrauischer sollte man all jenen Firmenvertretern gegenüber sein, die bei jeder Gelegenheit die große Familie beschwören, zu der wir angeblich alle gehören.

*Auf der Weihnachtsfeier im Betrieb hören Tünnes und Schäl ihren Chef verkünden: „Wir sitzen alle in einem Boot!" „Do kann hä Räch han", stupst darauf in der hintersten Reihe der Schäl den Tünnes an, „ävver ich sag et dir, leck is leck!"*

Ein gewisses familiäres Wir-Gefühl ist immer vorhanden und überall spürbar, wo Kölner Kölner treffen, ob in einer Werks-kantine oder einem Kegelverein, in der Südkurve im Rhein-Energie-Stadion oder im sonnigen Süden am Ballermann. Ich habe einmal sogar am hintersten Landzipfel Cornwalls den Gruß eines Kölners an der Windschutzscheibe gefunden. Der hatte mir nichts Wichtiges mitzuteilen. Den hatte es einfach nur ge-freut, dass es so fern von Köln noch ein zweites Auto mit Kölner Kennzeichen gab. Mir das mitzuteilen, das allein war ihm of-fenbar wichtig genug.

Da war es, das Talent, alles zu nehmen, wie es kommt, und aus allem für sich etwas zu machen – aus dem winzigen Zufall eine ganz irre Fügung, aus dem windigen Zettel ein ganz tolles Ge-fühl. So etwas kann und darf selbst einem Nichtkölner schon einmal das Herz erwärmen. Dennoch ist es in der großen Witz-familie nicht anders als bei jeder kleinen. Man kann sich an dem Gefühl erbauen. Nur erwarten darf man sich davon nicht allzu viel!

Einen letzten ebenso kurzen wie prägnanten Witz möchte ich mir verkneifen. Er rückt der schnöden Pointe wegen ausgerechnet den Berufstand in ein trübes Licht, mit dem ich mich verwandt und also auch familiär verbunden fühle. Ich müsste ihn nur um das Wort Kölner ergänzen, schon hätte ich ein paar Freunde weniger unter den schreibenden Kollegen der Stadt.

# Der Witz der kleinen Leute

Als Heinrich Lützeler 1954 sein Buch über „Die Philosophie des Kölner Humors" veröffentlichte, waren seit Kriegsende noch keine zehn Jahre vergangen. Und was der Bonner Universitätsprofessor darin über die besondere Humorbegabung des Kölners schrieb, das war wahrhaft Balsam für die verwundeten Seelen der einfachen Kölner. Sie hatten jeden Tag die zerbombte Stadt vor Augen. Sie hatten zuerst den Glauben an einen schnellen Sieg, dann den Glauben an den Endsieg verloren. Da wollten sie sich nicht auch noch den Glauben an die Unerschütterbarkeit ihres Humors beschädigen oder gar zerstören lassen.

Konrad Adenauer war jetzt Bundeskanzler, derselbe Adenauer, der vorher Kölner Oberbürgermeister gewesen war und auf den nicht nur mein Großvater als ehemals städtischer Beamter schlecht zu sprechen war. Zwanzig Jahre zuvor hatten die einfachen Leute in Köln ihn schon Graupenhauer getauft, weil er an Arbeitslose Graupensuppe austeilen ließ, damit sie etwas zu essen hatten, und Schaufeln, damit sie am neu entstehenden westlichen Grüngürtel mitarbeiten konnten und herunter von der Straße kamen. Da sah das Stadtpanorama noch so aus, wie

man es von den Postkarten aus der Kaiserzeit her kannte. Woran
es auch damals schon haperte, sah man ihm noch nicht an.

*Tünnes und Schäl lehnen am Geländer der Deutzer Brücke
und betrachten lange schweigend die Silhouette der Stadt
und, hinter den Domtürmen und über den Dächern, ein
wunderbares Abendrot. Schließlich schüttelt der Tünnes den
Kopf: „Für su jet han se Jeld." Da nickt der Schäl: „Ävver
für uns studeere ze loße ..."*

Auf der einen Seite fehlte es den kleinen Leuten an Bildungs-
chancen. Auf der anderen Seite fehlte es in der ständig wachsenden Stadt nicht an kleinen Leuten. Mülheim, der Geburtsort
des Volkssängers Willi Ostermann, wurde 1914 ein Vorort von
Köln. Junkersdorf, der Wohnort des ebenso volkstümlichen Sän-
gers Willy Schneider, folgte 1975. Bonn und Brühl, Leverkusen
und Düsseldorf sind diesem Schicksal bislang entgangen. Dennoch ist Köln nach immer noch einer Eingemeindung umlie-
gender Dörfer zwar gerade so eben eine Millionenstadt, muss
aber ständig um den Klassenerhalt bangen. Es werden nicht genug Neubürger geboren. Dankbar stellen immer mehr Singles
fest, wie gut es sich in Köln leben lässt, ohne für junges Leben
zu sorgen.
„De Mama kritt schon widder e Kind!" sangen die Black Fööss
erst zu einer Zeit, als Kinderreichtum schon die Ausnahme war
und die mit vielköpfigem Nachwuchs geschlagene Familie mit
kleinerem Einkommen als lärmende Randgruppe stigmatisiert
wurde. In früheren Generationen war das noch anders. Da kamen oft noch mehr Kinder als erwartet. Die bedeuteten für die
kleinen Leute nicht weniger Probleme.

*Wie ich ald widder e Bröderche jekräjen hatt, sät ming
Mamm för minge Papp: „Jetz ben ich et leid. Vun morge an
packen ich ming Plümeau un jonn op der Speicher schlofe."
Sät minge Papp: „Wenn de jläuvs, dat dat jet nötz, jon ich
met!"*

Vor allem in den ländlichen Bereichen rund um Köln steckte
die Aufklärung noch in den Kinderschuhen: Es hieß schon viel,
wenn wenigstens diese vorhanden waren. Die meisten Pänz
liefen sowieso barfuß. Schwangerschaften waren also Schicksal,
bis die Pille im Haus die Flucht auf den Speicher ersetzte.

*Wie sagte der Vorgebirgsbauer zu seiner Frau:
„Anner Lücks Puten emmer – nüüs. Uus Lies einmol – dä!"*

Vaterschaften blieben unter solchen und ähnlichen Umständen
ein Geheimnis oder aber Verhandlungsfrage, bis DNA-Tests
den Kuckuck-da-Spielen mit den Erzeugern ein Ende machten.
Ob die Väter wider Willen nun festere Bindungen, teure Ali-
mente oder auch beides scheuten, für sie war letzten Endes nur
ein gar nicht vorhandenes Kind ein gutes Kind.

*Tünnes und Schäl haben sich eine Zeitlang nicht gesprochen,
und der Tünnes weiß eine Neuigkeit: „Häste ald jehoot, uns
Marieche hät Zwillinge kräje."
„Eja", sät der Schäl, „et minge es ald jestorve!"*

Schon lange bevor ich an Ort und Stelle Bekanntschaft mit dem
rheinischen Humor machen konnte und auch gleich in den Genuss
einer professoralen Vorlesung darüber kam, hatte mir mein Opa

exemplarische Beispiele nahe gebracht. Dieser Opa mütterlicherseits stammte aus Ahrweiler und hatte zuerst drei preußischen Kaisern als Soldat und danach der Stadt Köln als preußischer Beamter gedient. Als Pensionär saß er bis zu seinem Tod im bayerischen Schwaben. Wenn er die Zeitung las, schimpfte er mal mit dickem Hals auf seinen früheren Dienstherrn Konrad Adenauer, und mal machte er mich mit Willy-Ostermann-Liedern und eben auch mit den Witzen von Tünnes und Schäl vertraut. Diese zwei Figuren waren so typisch, wie die Witze zeittypisch waren. In denen, die ich behalten habe, bewegen sich die beiden immer im unteren Ausbildungs-, Einkommens- und vor allem Intelligenzbereich. Ist das auch Schwachsinn, hat es doch Methode.

*Während der Weltwirtschaftskrise arbeiten Tünnes und Schäl im Ruhrgebiet abwechselnd auf Schicht und müssen sich dabei eine Schaufel teilen. Als Tünnes einfährt, steht darauf mit Kreide: „Tünn, nemm de Schöpp met, ich han se verjesse." Als der Schäl an der Reihe ist, steht darunter: „Schäl, nemm se selvs met, ich han se nit jesinn."*

Sich tot stellen, das ist eine Waffe des konfliktscheuen, arbeitsscheuen, gedankenscheuen Kölners. Sich dumm stellen ist eine andere. Es gibt eine unübersehbare Anzahl von Witzen, in denen mal der Tünnes, mal der Schäl und mal beide sich dämlicher anstellen und dümmlicher ausdrücken, als es die Polizei erlaubt, und wäre sie selbst die allerdümmste. Doch lässt man die beiden nicht nur gewähren, weil man weiß, dass sie es nur in den Witzen tun und den sicheren Pointen zuliebe: Dankbar belacht man ihre Dämlichkeit, die es jedem erlaubt, sich einen Kalauer lang als der Klügere zu fühlen.

*Der Tünnes geht mit dem Schäl in die Buchhandlung und sagt: „Mer hätten jän e schön Boch!"*
*„Wollen Sie etwas Leichtes?" fragt die Verkäuferin. „Oder darf es auch etwas Schwereres sein?"*
*„Och", sagt der Schäl, „dat Jeweech spillt kein Roll, mer han uns Fahrrädder dabei."*

So blöd ist doch keiner! freut sich der Zuhörer und ist stolz darauf, den Knick in der Logik sogleich erkannt und den Witz von dem Witz begriffen zu haben. Mit keiner meint er dabei vor allem sich selbst.

*Tünnes und Schäl fahren angeln. Nach einiger Zeit fragt der Schäl: „Saach, Tünn, woröm wirfste de jroße Fisch immer zoröck un de kleine behäls do?"*
*„Wat wellste maache?" erwidert der Tünnes. „Su en jroße Pann hät ming Frau doch jar nit!"*

So blöd ist auch keiner, die üblichen Verdächtigen wieder ausgenommen. Dennoch ist diese Waffe der Dummheit, mit einigem Geschick geführt, im täglichen Umgang mit lebenden Menschen ebenso wirksam wie unter Witzfiguren, weil sich auch hier der andere als der Schlauere fühlen kann. Sie dient demnach der Entwaffnung des Gegners und der Selbstverteidigung. In Einzelfällen kann sie sich aber auch ganz gezielt gegen andere richten. So weiß man oft nicht, wer da wen für dümmer hält und jedenfalls für dumm verkaufen will, der Tünnes den Schäl oder umgekehrt. Oder beide einen vorschnell erfreuten Dritten. Doch ob mit- oder gegeneinander, immer stellt sich unser Paar als unzertrennlich und treudämlich dar.

*Auf der Schildergasse werden Tünnes und Schäl Zeugen*
*beim Zusammenstoß zweier Einkäuferinnen. Plötzlich liegt*
*der ganze Inhalt ihrer Tragetaschen auf dem Gehweg*
*verstreut, und eine der Frauen fragt die zwei: „Na, was ist?*
*Wollen Sie nicht mit anpacken?"*
*Der Schäl schaut, als wäre er nicht nur schäl, sondern auch*
*taub.*
*Und der Tünnes sagt treuherzig: „Ich kann nit, ich han de*
*Häng en der Täsch!"*

Solange die zwei sich nicht darum streiten, wer helfen darf, bekommt auch kein Dritter etwas zu lachen. Szenen wie diese zeigen zudem die besondere Gabe der beiden, die eigene Bequemlichkeit ungeniert über alles zu stellen und sich ob der
Beschwerlichkeiten anderer auch noch bestens zu amüsieren.
Die eigene Bequemlichkeit hindert sie aber nie daran, andere
Menschen oder ganze Berufsgruppen für noch fauler zu halten,
als sie selber sind.

*„Wat sin dat für wiße Flecken am Dom?" fragt der Tünnes*
*den Schäl.*
*„Wann se sich bewegen, sin et Duve", erwidert Schäl.*
*„Un wann nit?"*
*„Anstricher!"*

Eines der bekanntesten Gedichte über das Ruhebedürfnis des
Kölners und die Wissbegier der Kölnerin heißt „Die Heinzelmännchen von Köln" und kündet von Glanz und Niedergang
der Dienstleistungen in der Stadt am Rhein. Die gleichwohl
über weite Strophen heitere Ballade stammt aus der Feder eines

Berliner Malers und Schriftstellers namens August Kopisch. Dieser in Breslau geborene Künstler war 1823, im Gründungsjahr der Roten Funken, nach Italien gezogen und hatte dann auch die Blaue Grotte bei Capri wieder bekannt gemacht. Er war also geradezu prädestiniert, den Kölnern mit ihren nichtstuerischen Wunschphantasien eine Ballade auf den trägen Leib zu schreiben. Denn die machten auch nichts lieber als blau.

Die kleinen Wichte nahmen bekanntlich in der Nacht den Kölnern alle Arbeiten ab, die am Tag zuvor liegen geblieben waren, bis sie eine neugierige Schneidersfrau mit ihrer dämlichen Erbsenstreuerei für immer aus der Stadt vertrieb. Jetzt fehlt es den einen an Arbeit und den anderen an Zwergen. Was nützt zudem ein Schlaraffenland, wo Schabau und Obergäriges fließen, wenn eine fehlt, die zu Hause putzt und kocht, aufdeckt, serviert und sich anschließend um den Abwasch kümmert?

*Wie ming Frau en Kur wor, moot ich jo trotzdem jet ze essen han. Also han ich mer beim Aldi e Dotzend Päckelcher Spajetti jekauf. Und die han ich en et kochende Wasser jedonn. Maachen ich och nit mih! Ich woss jar nit, dat die su usjevve! Die janz Köch wor voll. Ich moot de Dür nohm Schlofzimmer opmaache. Ich han zwei Woche lang Spajetti jejesse. Zuletz wor ich et satt. Von dem Reß han ich mer ne Pullover jestreck!*

Der leicht trottelige Ehegatte kommt mit seiner Frau nicht klar und ohne sie nicht zurecht. Das war jahrzehntelang die Glanzrolle von Karl Schmitz-Grön, einem Altmeister der Büttenrede. Wenn er als geknechteter Ehemann auf die Bühne kam, um von seinen alltäglichen häuslichen Katastrophen zu berichten – ein Mann, der sich zu Hausarbeiten herablässt, auch das ein

Tabubruch! –, dann war nach jedem „Maach ich och nit mih!"
eine Lachsalve fällig. Sein Auftritt wirkte umso erheiternder, als
es zur damaligen Zeit die staatlich geförderte Daseinsform eines
Hausmanns noch gar nicht gab.

*Zoeesch moot ich de Finstere putze. Et eesch vun enne. Dat
kunnt ich allein. Dann von drusse. Dat jingk esu: Ming
Frau laat et Büjelbrett üvver de Finsterbank und satz sich
enne drop. Dann klomm ich met dem Emmer un dem
Wischer op et andere Engk vun dem Brett un fangen an ze
wische. Maach ich och nit mih! Jenau en dem Momang
schellt et. Ming Frau erunder vun dem Brett und ich –
schwupp! drei Stockwerk deef op et Trottewar. Wie ich mich
jrad wieder berappelt han, mäht ming Frau die Tür op und
fröch: „Bubi, häs do geschellt?"*

Für dieses und ähnliches Missgeschick rächt sich der kleine
Mann, klein ganz im Wortsinn, dann an dem Größeren oder in
diesem Fall einfach Längeren, indem er ihm den Schwarzen
Peter hinaufreicht, den für gewöhnlich er gepachtet hat. Zuvor
muss aber die Frau aus dem Haus, die dort manchmal etwas da-
zuverdient, indem sie den Leuten aus der Hand liest, die Karten
legt und die Sterne deutet.

*Ich hatt se noch nit janz us dem Huus, do schellt et. Ich an de
Dör. Steht do su ne endlos lange Käl för mer un sät: „Ich
möchte mir vun Ihrer Frau Jemahlin en die Stäne loore loße."
Ich loore an dem langen Elend erop. „Mann", sage ich,
„Mann, jetz sid ehr su lang – künnt ehr dat nit selvs
besorje?"*

Im Übrigen stellt sich der kleine Mann selbst vorzugsweise als Opfer dar, um im Leben ein Lächeln und mit Witzen einen Lacher zu bekommen – als Opfer der Geschichte, Opfer der Politik, Opfer der Verhältnisse. In neuerer Zeit sind noch Verkehrs- und Rentenopfer, Opfer der Finanz- und Bankenkrise sowie der Krise im Bildungs- und Gesundheitswesen als dankbare Rollen dazugekommen. Auch da ist geraten, sich dumm zu stellen.

*Der Tünnes steht vor der Apotheke und schüttet ein soeben gekauftes Fläschchen Medizin in den Rinnstein. Der Schäl sieht das und ruft: „Mann, Tünnes, was mäs do dann met der düre Medizin?"*
*„Wat soll ich mache?" erwidert der, indem er ungerührt weiter schüttet. „Dä Arzt well levve. De Apothek' well levve. Ävver ich well och levve."*

Der Kölner genießt die coole Pointe, folgt aber auch hier seiner Doppelstrategie. Er weiß, einerseits gibt es nichts Gesünderes als ein gesundes Misstrauen den Ärzten gegenüber. Auf der anderen Seite wird ein Kranker ganz ohne Vertrauen zu seinem Arzt kaum gesund. Mit der ihm eigenen Zuversicht, dass es sowieso ist, wie es ist, dass es kommt, wie es kommt, und dass es noch immer gut gegangen ist, bewahrt er die Balance zwischen allzu großem Wunderglauben und allzu krankhafter Skepsis.

Er leugnet nicht die notwendige Existenz der so genannten Halbgötter in Weiß, die – genauer betrachtet ganz in Grün – nachweislich wahre Wunder vollbringen. Er rechnet aber auch nicht von vornherein mit dem, was sie bei falscher Behandlung danach beschönigend Kunstfehler nennen. Seinem Arzt braucht er damit sowieso nicht zu kommen. Der lacht über ganz andere Klopse. Medizinerwitze sind nicht umsonst berüchtigt.

*Der Tünnes trifft in der Stadt seinen Hausarzt, der sich erkundigt, wie es geht.*
*„Mir janz jot", erwidert der Tünnes, „ävver mingem Onkel nit."*
*„Ihr Onkel ist nicht wirklich krank!" beruhigt ihn der Arzt.*
*„Ihr Onkel bildet sich das ein."*
*Acht Tage später treffen sie sich wieder. Der Doktor fragt, schon aus Fachinteresse: „Fühlt Ihr Onkel sich jetzt besser?"*
*„Nä, Herr Doktor", sagt der Tünnes, „jetz beld hä sich en, er wör dud!"*

Ein volles Wartezimmer macht den Arzt gesund, alle anderen macht es krank. Das ist kein zynischer Medizinerspruch, sondern eine alte Patientenweisheit. Weitaus gefährlicher als die üblichen bakteriellen Krankheitserreger sind darin die nicht endenden Krankengeschichten, die sich die Wartenden erzählen. Zumal bei häufigeren Besuchen und bei längeren Wartezeiten können alle möglichen Beschwerden die erschreckende Folge sein – von bedrohlichen Depressionen bis hin zu massiven Mordgelüsten.
Lachen dagegen gilt als gesund. Wenn ich meinem Kölner Schriftstellerkollegen, dem Arzt und Professor Gerhard Uhlenbruck, folgte, ergäbe das Lachen aus medizinischer Sicht sowieso ein ganzes weiteres Kapitel. So viel Platz habe ich in diesem Buch dafür nicht, nur für die eine oder andere Erkenntnis über das Belachen von Witzen. Und es wäre doch gelacht, wenn sich nicht jede zweite mit einem seiner Aphorismen deckte!

*Lachen kann ein ernstes Symptom sein. Dann ist die
Ursache kein Witz.*

*Lachen ist die Fortsetzung der Hysterie mit humoristischen
Mitteln.*

*Lachen ist ansteckend, Gähnen leider auch.*

*Nicht jeder, der dem Witzerzähler die Zähne zeigt, lacht.*

*Gezwungenes Lachen erkennt man an den zusammen-
gebissenen Zähnen.*

*Um bei gewissen Witzen mitzulachen, muss man ein dickes
Zwerchfell haben.*

*Gurgelndes Lachen klingt, als müsste jemand im Unrat
ertrinken.*

*Höfliches Lachen kann bedeuten, dass der Witz der Ältere ist.*

*Seniles Lachen resultiert nicht aus dem Alter des Witzes,
sondern dessen, der lacht.*

*Gelöstes Lachen klingt nach Verbesserung des allgemeinen
Humorzustands.*

*Wenn Lachen die beste Medizin sein sollte, dann sind Witze
die besten Placebos.*

Unter den jüngeren Witzmachern zählt Bernd Stelter zu denjenigen, die sich gern dümmer stellen, als sie sind. Vor allem bei
seinen bärenstarken Schlagertexten fallen unvorbereiteten Hörern
die letzten drei Haare von der Brust. Selbst das zahlende Publikum hält den Atem an, wenn er sich mit einem Augenzwinkern
allen Unbilden seines Schicksals stellt und am Ende seines Auftritts das Urbild der Xanthippe heraufbeschwört.

*Ein Spätheimkehrer kriecht im Morgengrauen mühselig auf
allen Vieren auf seine Haustür zu. Er weiß, es wird sehr viel*

*davon abhängen, was er seiner Frau gleich erklären wird. Er*
*schafft es durch den Vorgarten, und er weiß, dass es nicht*
*leicht werden wird mit dem, was er ihr erklären will. Er*
*schafft nacheinander die drei Stufen, und er weiß, ihr alles zu*
*erklären, wird schwer. Schließlich schafft er es sogar, den Kopf*
*zu heben. Da sieht er seine Frau im Türrahmen stehen, mit*
*dem Besen in beiden Händen. Jetzt, weiß er, kommt alles da-*
*rauf an, was er sagt. Und dann bringt er tatsächlich den Satz*
*über die Lippen: „Kehrst du noch – oder fliegst du schon?"*

Dass solche Witze auch heute noch bei den Herren soviel dank-
bares Gelächter ernten, liegt nach deren Meinung an den Frauen
selbst. Nur sind die drei großen „K" von ehedem, Kirche, Küche
und Kindersegen, inzwischen in den Männerhirnen drei ebenso
großen „H" gewichen. Die Frauen haben es vom früheren Heim-
chen am Herde zum Hausdrachen und vom Hausdrachen zur
Hexe gebracht. Wenn im Kampf zwischen den Geschlechtern
der Mann nicht der Dumme sein will, dann müssen es eben die
Frauen sein.

*Der Schäl war beim Tünnes zu Haus eingeladen. „Wat do*
*dir vun dinger Frau jefalle lies", sagt er am nächsten Abend*
*an der Theke, „dat leet ich mer vun keiner jefalle!"*
*Nach dem fünften Kölsch fühlt sich auch der Tünnes plötz-*
*lich stark. Er verspricht, es seiner Frau zu zeigen. Eine*
*Woche später berichtet er stolz: „Zeletz han ich et ehr ävver*
*ens jründlich jejovve!"*
*„Un wie?"*
*„Un wie! Do säste jet! Dat janze Sonndaachsjeschirr han ich*
*zerdeppert!"*

*„Saach bloß!" Der Schäl ist ehrlich beeindruckt. „Und wat hät ding Frau jesaht?"*
*„Die hät nix jesaht. Die es en Kur. "*

Nach dem Ende der Kur geht das alte Spiel weiter. Die Frau vom Tünnes hat noch entschiedener als vorher die Hosen an. Der Tünnes wagt weiterhin nichts sagen. Der Schäl kommt weiter zu Besuch.

*„Tünnes, ich verston dich nit!" platzt dem Schäl einmal wieder der Kragen! „Immer lies do dich ungerbottere!"*
*„Wat dun ich?" setzt Tünnes sich zur Wehr. „Häste dann nit jesinn, wie ich et letzte Mol frech ungerm Desch erus jelort han?"*

Männer müssen viel Zeit haben, um sich so lange über ihre besseren Hälften beklagen zu können. Und wer so viel Zeit hat, tut sonst zu wenig. Darüber beklagen sich wiederum die besseren Hälften. Oder aber sie üben späte Rache.

*Der Mann einer Nachbarin ist gestorben, und Tünnes und Schäl statten der Witwe einen Kondolenzbesuch ab. Der Tünnes schaut sich im Wohnzimmer um und sagt, um irgendetwas zu sagen: „Wat hat ehr do bovven op dem Schrank för en schön Eieruhr ston!"*
*„Ävver saat, jehöt die nit en de Köch?" fügt der Schäl etwas taktlos hinzu.*
*„Jo nä" säht die Frau, „dat es minge Mann. Der hät sing Levvdach nix für der Huushalt jedonn. Ävver jetzt kann hä laufe!"*

# Der Stammtischwitz

Ich kam aus Bayern zu einer Zeit, in der Außengastronomie noch ein Fremdwort war. Nur auf zwei, drei Straßen in Köln standen ein paar Tische und Stühle im Freien. Auf dem Hohenzollernring, nahe dem Hahnentor, gab es das schon. Allerdings befand sich dort damals ein Gasthaus, das auf original bayerisch machte, und da gehörte so etwas dazu. Es waren die braven fünfziger Jahre, als draußen vor der Tür nur blieb, wer kein warmes Zuhause hatte und keinen Zugang zu einem Lokal. Und es lag nicht nur an der angeborenen Wind- und Wetterscheu der Kölner, dass das noch lange danach so blieb. Das war die Zeit, als der Kölner noch seine feste Stammkneipe hatte und die Stammkneipe ihren festen Stammtisch und der Stammtisch seinen festen Platz, meistens tief im Inneren des Lokals.

Das hat sich inzwischen gründlich geändert. Heute muss man überall in der Innenstadt, aber auch im Quartier Latin und in mancher Vorortstraße um Tische und Stühle Slalom laufen. Und es liegt nicht nur an der Erderwärmung und den wärmer gewordenen Tagen, dass das so ist. Fand das Kneipenleben früher hinter undurchsichtigen Butzenscheiben in rauchgeschwängerten Räumen statt, so wird jetzt viel Qualm im Freien erzeugt. Nicht alle wollen oder müssen rauchen. Aber alle wollen Leute sehen und sich von den Leuten auch sehen lassen. Spätestens hier bleibt auch niemand mehr von ihren Witzen verschont.

*Tünnes und Schäl sitzen vor ihrem Stammlokal und beobachten die Passanten. „Süch ens do drüvve, Schäl, sin dat nit zwei janz bekannte Journaliste?" sagt der Tünnes plötzlich.*
*Der Schäl reckt sich. „Wo? Ich sinn se nit!"*
*„Ich sinn se och nit mih", erwidert der Tünnes. „Se sin ald widder vorbei jejange."*
*Der Schäl schüttelt den Kopf: „Dat jitt et doch jar nit. Wer woren die dann?"*
*„Na, dä Dingens un dä andere", verärgert schlägt der Tünnes sich mit der Hand auf die Stirn, „jestern han ich et noch jewoss! Ävver ich verjesse en der letzte Zick noch vill mih!"*
*„Saach ens e Beispill!"*
*„E Beispill – wofür?"*

Ein gewisses Maß an Vergesslichkeit kann auch andere Gründe haben, wenn nicht am Stammtisch, so spätestens danach. Den anekdotisch belegten Beweis dafür pflegten vor hundert Jahren schon regelmäßig die Maler Modigliani und Utrillo zu erbringen. Wie die Geschichte aus dem Pariser Bistro der beiden Künstler ins kölsche Stammtischmilieu von Tünnes und Schäl geraten konnte, habe ich nicht herausbekommen.

*Nach einem sehr ausgedehnten Frühschoppen verlassen*
*Tünnes und Schäl leise schwankend die Raucher-Kneipe und*

treten ins Freie. „*Wat rüsch dann he su penetrant?*" fragt der Tünnes und hebt schnuppernd die Nase.

„*Kein Ahnung*", sagt ebenfalls schnuppernd der Schäl,
„*ävver wammer nit medden en Kölle wören, künnt et jlatt Sauerstoff sin!*"

Angeblich hat die promillestarke Story ein gewisser Bätes aus Birkesdorf von seinem ersten Parisaufenthalt mitgebracht. Paris, das war damals noch etwas Besonderes, und alle am Stammtisch waren gespannt darauf, aus erster Hand zu erfahren, wie es dort war.

„*Toll!*" schwärmt der Bätes. „*Do wor der Eiffelturm, do wor de Seine, do woren de Champs Elisées.*"
„*Un söns?*"
„*Dann de Mona Lisa em Louvre. Toll! Do woren Scharen.*"
„*Jo, un wigger?*"
„*Op dene Champs Elisées, da woren se, echte Pariserinnen!*"
„*Jo, un?*"
„*Da wor vor allem ein, die wunnte jlich öm de Eck!*"
„*Un wigger?*"
„*Dann hät se mich jlich zo sich enjelade.*"
„*Saach bloß. Un dann?*"
„*Dann wor ich do in dem singen Appartemang. Ne Draum vun enem Appartemang!*"
„*Un dann?*"
„*Dann wor do en Huusbar – un do war e Bett. En Traum vun enem Bett.*"
„*Un dann?*"
„*Dann wor do noch dat Negligée. Ne Draum vun enem Negligée.*"

*„Un dann?"*
*„Dann? Tja, dann wor et wie in Birkesdorp."*

Spätestens nach diesem Witz wäre für Tünnes und Schäl Polizeistunde angesagt. Doch die beiden sehen zwar alles doppelt, aber in dieser Hinsicht nichts mehr ein. Und so stolpern sie im Zickzack einer Polizeistreife in die Arme – fast hätte ich gesagt: geradewegs!

*„Wollen Sie nicht endlich nach Hause gehen? Sie sind ja sturzbetrunken!"*
*„Offen jestanden, Herr Wwww – icks, Herr Wachtmeister, wir – schwww – icks, wir schwanken noch."*

Sie sind uns nah, auch ganz ohne Goethe, diese schwankenden Gestalten. Und auch wir sind ihnen nah. Denn meist sind es harmlose Vertreter, Männer, die gern mal einen guten Witz erzählen. Oder auch einen weniger guten. Männer, die aber nie das Gespür verlieren, welcher Runde zu welcher Stunde welcher Witz zuzumuten ist. Man hat schließlich nicht nur Humor. Man hat auch Takt. Und manche Witze, das wissen wir ja und das wissen auch sie, sind einfach zu abgeschmackt.
Witze über Juden und Türken, über Farbige und Asylanten, Witze über Minderheiten und Minderwertigkeiten, über Behinderte und Behinderungen – und natürlich Witze aus der untersten Schublade, zum Thema Nummer eins.
Solche Witze würden sie nie so einfach erzählen. Nicht den Medizinerwitz von der Frau im Kreißsaal, falls eine Dame anwesend ist. Nicht den Stottererwitz, wenn der Gastgeber einen Sprachfehler hat. Nicht den Witz vom Türken in der Mülltonne, wenn

der türkische Tonnenmann gerade den Abfall holt und mithören kann.

Nicht einmal den Witz von den zwei Juden im Ghetto – obwohl sie gar keine Juden kennen und außerdem wissen, dass gerade die Juden selbst die bösesten Witze über sich erzählen! Auch nicht den Witz von den zwei Schwulen in der Lesben-Bar – obwohl bei denen bekanntlich unter dem Motto Outing oder Coming-out inzwischen alles erlaubt scheint.

*„Ich möchte mal wissen, wer solche Witze in Umlauf bringt!" fangen sie ganz harmlos an.*
*„An sich sollte man so einen Witz überhaupt nicht weitererzählen!" fügen sie der Vorsicht halber noch an. Und dann erzählen sie ihn doch.*
*„Eigentlich dürfte man über so etwas ja gar nicht lachen!" sagen sie anschließend. Und schütteln sich dabei vor Vergnügen.*
*„Aber dann lacht man doch!"*

Damit sind die netten, harmlosen, lustigen Vertreter wieder mit sich und der Welt im Reinen. Gemeint haben sie mit dem Witz selbstverständlich sowieso keinen. Zumindest keinen der Anwesenden. Am liebsten erzählen sie solche Witze deshalb auch, wenn sie unter sich sind, möglichst ungehindert und ungehemmt. Und deshalb sind sie auch am liebsten unter sich, selbst wenn sie woanders sind. Obwohl sie weit in der Welt herumgekommen sind, sind sie in ihrem Bewusstsein immer unter sich geblieben, jedenfalls wenn es ums Witze-Erzählen geht.
Es lacht sich eben unbeschwerter, wenn man nicht bei jeder harmlosen Pointe Angst haben muss, dass Anwesende betroffen

sind. Die Stammtischler sind niemals betroffen. Denn die Witze, die sie erzählen, betreffen grundsätzlich andere. Das ist der Witz!

*Mehmed rennt auf der Straße hastig an Tünnes und Schäl vorüber.*
*„Wo wellste dann hin, Mehmed?" fragt ihn der Tünnes.*
*„Nach Aldi!" keucht der Türke, ohne haltzumachen.*
*„Zu Aldi!" verbessert ihn der Schäl.*
*Darauf Mehmed, erschrocken: „Was? Aldi schon zu?"*

Dieser zugegeben schlichte Kalauer ist zumindest um wortspielerische Qualität bemüht. Ansonsten beabsichtigt er eigentlich nur eines – es dem dummen Türken mal wieder zu zeigen! Wer da der Unterlegene ist, macht die Szene bereits ohne Worte deutlich: Tünnes und Schäl sehen völlig gelassen dem vorüberhastenden Ausländer zu, wie sie allem zusehen, was sie nicht bewegt. Und sie lassen ihn seelenruhig in seine eigene Pointe rennen.

Diese souveräne Art, Dinge ringsum einfach geschehen zulassen, haben wir von Witz zu Witz immer wieder beobachten können, beim gelassenen Umgang der beiden Originale mit umgekippten und ausgeschütteten Tragetaschen, aber auch mit ständig wechselnden Obrigkeiten und unaufhörlich heulenden Luftschutzsirenen. Die Worte tun ein Übriges. Um auch sprachlich Überlegenheit gegenüber dem Türken zu demonstrieren, packt der halbgebildete Schäl sogar sein sonst kaum vorhandenes und selten verwendetes Hochdeutsch aus!

Nun fühlt sich Tünnes zwar als getreuer Zechbruder dem Schäl in vielem verwandt, was Köln, das Kölsche und das Kölsch angeht. In einem jedoch ist er von Grund auf anders. Wenn er eine dumme Bemerkung macht, dann bestimmt ohne kränkenden Hintergedanken, wenn er damit in einem Fettnapf landet, dann garantiert aus heiterem Himmel.

*Tünnes trifft an der Theke einen Bekannten aus früheren*
*Tagen und ist krampfhaft um Anknüpfungspunkte bemüht:*
*„Wie jeit et dann esu?" fragt er, weil er denkt: Danach kann*
*man immer fragen.*
*„Danke", sagt der andere, „et muss."*
*„Un der Frau?" fragt er weiter, dabei fällt ihm ein, die Frau*
*ist bereits seit ein paar Jahren tot, und um die Peinlichkeit*
*zu überbrücken, fährt er fort: „Immer noch op Melaten?"*

Witze leben außer von enttäuschten Erwartungen auch und vor allem von Tabubrüchen. Darüber sind wir uns inzwischen wohl einig. Aber „über die Toten macht man keine Witze", sagen vornehmlich jene Überlebenden, die sich zu Hütern solcher Tabus und zu Anwälten der teuren Verblichenen machen. Teuer allein schon aufgrund der Grabgebühren.

Wer nicht krankhaft zu makabren Witzen und nekrophilen Scherzen neigt, der wird nun zwar wie der Tünnes versuchen, die Kränkung von Betroffenen zu umgehen. Aber vermeiden Sie einmal die Betroffenheit der stellvertretend Gekränkten! Es entbehrt nicht der unfreiwilligen Komik, ja, Tragikomik, dass die peinlichsten Situationen meistens gerade dadurch entstehen, dass einer wie der Tünnes eben dies versucht.

Es gibt Kränkungen, Beleidigungen oder zumindest Streitereien selbst dort, wo man sich gemeinhin sicher sein kann, unter Gleichgesinnten zu sein. Es kann nämlich schnell Schluss sein mit der Stammtischharmonie, wenn es um das Preis-Leistungs-

Verhältnis im Lokal im Allgemeinen oder den Bierpreis im Speziellen geht. Oder um das Bier selbst.

Ein immerwährender Streitpunkt ist die Qualität dessen, was im Großraum Köln als Kölsch ausgeschenkt wird. Der deckt sich in der Ausdehnung in etwa mit dem alten kurkölnischen Gebiet. Aber deckt sich das gebraute Kölsch im Geschmack auch mit kurfürstlichen Erwartungen? Zwar haben sich die Kölner Brauer im vorigen Jahrhundert in einer neuerlichen Bierkonvention auf das altbekannte so genannte Reinheitsgebot verpflichtet. Aber wie es mit Geboten so ist: Es wird zwar brav herunter gebetet. Doch wird es auch immer brav eingehalten? Und was kann auf dem Weg von der obergärigen Brauerei bis ins Kölschglas nicht noch so alles dazwischenkommen, wovon sich unsere Schluckweisheit nichts träumen lässt?

Nicht ganz aus der Luft gegriffen ist deshalb auch die nachfolgende Scherzfrage: Gibt es etwas Schmutzigeres als die schmutzigen Witze, die man sich in einer billigen Kneipe erzählt? Antwort: Ja, die Bierleitung, aus der das Kölsch zum Hinunterspülen kommt.

*Tünnes hegt seit Längerem den Verdacht, dass in seinem Stammlokal etwas mit dem Kölsch nicht stimmt. „Et schmeck jet komisch, findste nit och?" fragt er bei jedem neu gezapften Glas den Schäl.*

*„Komisch ist jar kein Ausdruck!" meint auch der. Also füllt Tünnes eines Abends eine Probe von dem Gesöff in ein mitgebrachtes Reagenzglas ab und schickt sie mit der Bitte um genaue Analyse in ein Labor.*

*Bei nächsten Treffen will der Schäl als erstes wissen: „Wat es? Häste ald en Erjebnis vun denne kräje?"*

*„Eja", sät der Tünnes. „Dat Päd hät Zucker!"*

Ein weiterer Grund zum Klagen ist die unausrottbare Unsitte von Wirten, in den Kölschstangen umso mehr Luft zu lassen, je dichter die Runden aufeinander folgen – ganz als gälte es, den Sauerstoffmangel in der von Rauch und Kölsch geschwängerten Kneipe dadurch wettzumachen. Die nachfolgende Anekdote beruht auf einem tatsächlichen Erlebnis. (Die Namen der Kneipe und des Gastwirts sind dem Autor bekannt.)

*Immer wenn der Wirt einen neuen Kranz Kölsch gezapft hat, blickt das eingeschenkte Bier wehmütig auf zum unerreichbaren Eichstrich.*
*„Do fählt noch jet!" reklamiert dann der Tünnes, aber bislang stets vergeblich.*
*„Och, dat wäß!" erklärt seelenruhig der Wirt.*
*Doch einmal, als es nach mehreren Runden endlich ans Bezahlen geht, legt der Schäl ein paar Euro zu wenig hin.*
*„Do fählt noch jet!" reklamiert jetzt der Wirt.*
*Drauf die beiden, mit der gleichen Seelenruhe: „Och, dat wäß!"*

Einen beliebten Reibungspunkt bildet an Stammtischen die Kunst. Den röhrenden Hirsch haben mittlerweile vielleicht modernere Poster verdrängt, und sein Geweih hat ebenfalls zeitgemäßerer Wandschmuck ersetzt. Auf dem Haupt von Jürgen Becker signalisiert es jetzt in den Mitternachtsspitzen jedes Mal den Anfang vom Ende der Satiresendung, bevor Wilfried Schmickler mit dem Ruf „Aufhören, aufhören, Herr Becker!" fast den Rahmen des Alten Wartesaals sprengt.
In vielen Köpfen aber geistert der röhrende Hirsch noch immer herum, unverwundbar durch noch so spitze satirische Pfeile,

zusammen mit all den anderen Klischees von Kunst und von Können, von Malern, Modellen, von Müll, von Bananen und von abgeschnittenen Ohren. Persönliche Bekanntschaft mit dem Künstler kann da viel zum Verständnis beitragen. In einigen lokalen Fällen scheint der Künstler auch die Richtigen zu kennen.

*Tünnes und Schäl gehen aus reiner Langeweile auf die Art Cologne. Vor einem Bild bleibt der Tünnes stehen und fragt: „Wat soll dat dann jetzt sin? Morgenrut oder Ovendrut?"*
*„Ovendrut!" sagt der Schäl mit Kennermiene.*
*„Aha, und wieso weißte dat su jenau?"*
*„Ich kenne der Möler. Su fröh steit dä nie op!"*

Eine alte Redensart besagt: Pünktlichkeit ist die Höflichkeit von Königen. Wenn es ganz allein danach geht, haben Tünnes und Schäl die Thronanwartschaft dreimal verscherzt. Denn Pünktlichkeit verhält sich zu ihrer Lebensphilosophie genauso wie ein preußischer Exerziermarsch zu einem rheinischen Schunkellied.
Seit sich irgendwann zu dem gutmütigen Tünnes der etwas gerissenere Schäl gesellt hat, sind die beiden unzertrennlich. Wenn sie je etwas tun, tun sie es zusammen. Wenn sie sich verspäten, kommen beide zu spät. Nur wenn ausnahmsweise einmal der eine noch später als der andere erscheint, zerbricht die verlässliche Zweiergemeinschaft. Dann ergreift der andere erfreut die Chance, im direkten Vergleich Terrain wettzumachen und vom eigenen Zuspätkommen abzulenken, indem er sich über den schlimmeren Zuspätkommer mokiert.

„Wat lurste mich dann die janze Zick so schäl an?" fragt
der Tünnes den Schäl, nachdem er später als spät am
Stammtisch erschienen ist.
„Ich beloore mir ding Pläät."
„Ich han doch jar kein Pläät."
„Mötste ävver. Wie se evvens vun dir jesproche han, han se
kein jod Hoor an dir jeloße."

# Der Urlauber-Witz

Niemals geht man so ganz. Die grandiose Volksschauspielerin Trude Herr ist, nicht zuletzt dank dieser Liedzeile, bis auf den heutigen Tag im Herzen der Kölner geblieben, vor denen sie vorher schon einmal bis zu den Beduinen nach Timbuktu geflohen war. Die Domstadt lässt so rasch keinen davonkommen, wo immer auf der Welt er glaubt, sich von deren übrigen Bewohnern erholen zu können. Man möge es mir nachsehen, wenn ich hierbei keinen großen Unterschied zwischen berühmten Auswanderern wie Jacques Offenbach, bekannten Aussteigern wie Trude Herr und einfachen Urlaubern wie dem Tünnes mache. Überall auf der Welt „süht hä der Dom su för sich stonn", dass er am liebsten gleich wieder „zo Foß noch Kölle jonn" möchte. Und selten bleibt er mit diesem Wunsch lang allein, bis sich andere Kölner mit ihm in dem Schwur vereinen, den Dom in Kölle zu lassen, wo er hingehört. Trotzdem oder gerade deshalb treibt der Eskapismus des Kölners die seltsamsten Blüten:

*Tünnes geht in ein Reisebüro und sagt: „Eh dat ich Ihnen ming Reisewünsche verrode, Frolleinchen, sagen Se mer bitte offen un ehrlich: Wo sinn dies Johr de andere?"*

Wenn Kölner sich anderswo begegnen, läuft das für gewöhnlich zunächst noch ganz anders. Da ist die Begrüßung gemeinhin so herzlich und die Freude so groß, dass es kaum je ohne lautes Gehupe abgeht oder lautstarkes Halli und Hallo. Die meisten begegnen sich dort inzwischen sowieso häufiger als daheim. Viele haben mittlerweile, teils aus klimatischen, teils aus Kostengründen, die ganze Rheinromantik abgeschrieben. Sie sind voll der Romantik des Südens erlegen. Darum sind sie am Rhein, so schön er auch sein mag, kaum mehr zu finden.

*„Süht mer dich och noch ens!" ruft der Tünnes mit ungeheuchelter Verwunderung, als er mitten auf dem Neumarkt seinen alten Freund Schäl entdeckt. Er hat ihn eine Ewigkeit nicht mehr gesehen, und nicht nur ihn. Es sind viele weg.*
*„Mensch, Tünnes, bes do et?" wundert sich auch der Schäl.*
*„Dat mer zwei uns he treffe!"*
*Der Tünnes strahlt. „Es dat nit ene schöne Zofall!"*
*„Un wat für ne Zofall. Ich ben doch kaum mih do!"*
*„Un wo jöcks do jetz eröm?" fragt der Tünnes und mustert den Schäl genauer. In alten Kneipentagen war er ihm immer als der deutscheste von allen erschienen, blond, blass, sommersprossig. Jetzt sieht er beinahe südländisch aus.*
*„Ibiza. Traumhaft, sagen ich dir!"*
*Der Tünnes nickt, als hätte er die Antwort bereits voraus gewusst. Schäl ist nicht der einzige aus seinem Set, der Ibiza traumhaft findet. „Met dem Moni?" fragte er.*
*„Nä, mer zwei sin usenander. Et Moni es ald lang op Mallorca."*

„Allein?"

„Weiß ich nit, jeit mich och nix mih an. Jedenfalls es et nit do, wo die Touristen sind. Wo die nit sin, es Mallorca immer noch …"

„Traumhaft, ich weiß et. Vum Alexander. D'r Alex es doch ald lang op Mallorca."

„Dä wor do! Dä baut jetz op Lanzerote. Jenau jesaat baut hä dat Hus vun dem Pia us."

„Von welchem Pia?"

„Dat Pia musste doch noch kenne, Tünnes, dat jetz no Portugal jejange es!"

„Wat well dat dann en Portugal?"

„Esch ens Portujiesisch liere, sät et. Dat einzige, wat it an Portugal stört, es, dat mer do unge nor Portujiesisch sprich."

„Dat stell' ich mer schwer vör. Ich kenn Lückcher, die han et he schon mit dem Kölsch nit hinjekräje."

„Et Pia hät Fründe, die dolmetschen, Lutz und Gabi. Erinnerste dich an Lutz und Gabi?"

„Wollten die nit fröher immer en de Toskana?"

„Tja, fröher …" Der Schäl seufzt. „Wat mät übrijens unse Stammdesch?"

„Jar nix mih. Se sin jo all fott. Der Weet vun domols …"

„Dä ahle Charley!"

„Charley es op Korsika."

„Sach bloß! Hät hä dann jet Neues do?"

„Kneip' weiß ich nit. It heiß Susi, wat ich su höre. Ävver vill kriejen ich jo och nit mih met."

„Wieso dann nit, Tünnes, wo beste dann jetz?"

„Em Berjische – der Ort weeste kaum kenne."

„Du Snob!"

*„Wiesu Snob? Keine Stadtlärm mih. Keine Touristerummel.*
*Em Sommer es dat ideal."*
*„Jot – ävver wat mähste, wann der Winter kütt?"*
*„Dann ben ich suwiesu an der Riviera."*

Man weiß ja nie, inwieweit man selbst zum Trendsetter wird, indem man an Orte fährt, an denen tatsächlich noch niemand aus dem Bekanntenkreis war. Tatsache ist, dass solche Reisen immer bequemer werden, solche Orte aber immer rarer, wenn es nicht gerade Trudes Beduinenzelt sein soll. Als meine Mutter als junges Bankfräulein eine Stellung im Allgäu antrat, musste sie dort noch eine Menge Witzeleien über sich ergehen lassen. Ihr Glück war, dass sie damals noch kaum jemanden von den dortigen Witzbolden richtig verstand. Immerhin muss mein Vater es dann verstanden haben, sich ihr auf irgendeinem Weg verständlich zu machen. Begriffen hat sie die Einheimischen wohl ihr Lebtag nicht ganz.
Zwanzig Ehejahre lang war meine Mutter im Allgäu. Zwanzig Jahre war Marco Polo in China. Wahrscheinlich erschien ihr damals das Allgäu von Köln noch genauso weit entfernt wie ihm Peking von Venedig. Als sie danach wieder an den Rhein zurückkam, stieß sie wie jener auf Unglauben mit ihren Reiseberichten und Skepsis gegenüber dem, was sie an Spätzlerezepten mitbrachte.
Die Reisemöglichkeiten der Kölner waren damals bescheiden. Sie besuchten die Ahr, wo es zum Spätburgunder in den Weinkeller hinunter-, oder fuhren nach Königswinter, wo es mit dem Esel zum Drachenfels hinaufging. Die weniger Betuchten wurden im Bergischen Land mit der nachmalig zu einem festen Begriff gewordenen Kaffeetafel abgespeist. Mein Großvater, der aus Ahrweiler stammte, hat mir für spätere Ausflüge zweierlei mit

auf den Weg gegeben. Das eine ist ein Zungenbrecher (und zugleich eine Warnung vor dem Ahrburgunder, der eine schwere Zunge machen kann):

*Wer an der Ahr war und weiß, dass er an der Ahr war, der war nicht an der Ahr. Aber wer an der Ahr war und nicht weiß, dass er an der Ahr war, der war an der Ahr.*

Als Soldat war der Opa in Andernach. Von dort hat er das andere Histörchen vom Rhein mitgebracht, das er danach immer wieder erzählte und auf das der Enkel besonders scharf war, nicht zuletzt wegen der Pfefferminzchen.

*Der Tünnes war auf dem Drachenfels und schimpft: „Nä, wat wor dat ne sture Esel!"*
*„Wer?" fragt ihn erstaunt der Schäl!*
*„Der Esel nom Drachenfels, du Doof! Jot, dat ich Pfefferminzcher bei mer hatt!"*
*„För wat bruchs do dann om Drachenfels Pfefferminzcher? Do jitt et doch Wing!"*
*„Do moots de eesch ens drankumme, wo der Esel doch nit mih wigger jing!"*
*„Woröm jing dä dann nit mih wigger?"*
*„Wat weiß ich. Vielleich wollt hä och ens e Pfefferminzche han!"*
*„Un – häste et im jejovve?"*
*„Ja jo dat, ich han em eins eren jedaut!"*
*„In de Mul?"*
*„Enä, Schäl, janz em Jäjendeil. Un do kunnt der Esel op einmol laufe!"*

Ich weiß nicht, wie viele Venezianer inzwischen Jahr für Jahr China bereisen. Jedenfalls ist meine Allgäuer Heimat, sind vor allem Orte wie Oberstdorf und Oberstaufen, touristisch fest in den Händen der Kölner. Ohne jede böse Absicht verderben sie die Essenssitten, indem sie Spätzle verschmähen und auf Pommes pochen. Und sie verfremden die Grußgewohnheiten; ihr Tschüss hat selbst unter Einheimischen inzwischen das Pfueti fast ganz verdrängt. Die nachfolgende Geschichte klingt danach gar nicht mehr so unwahrscheinlich.

*Der kleine Anton tut sich in der Schule mit dem Deutschen schwer. Kein Wunder, denn bei ihm zu Hause und unter seinen Spielkameraden wird nur Kölsch gesprochen. Die Eltern sind in Sorge wegen der Zensuren und beschließen daher, den Jungen während der Sommerferien aufs Land zu schicken, ins Hannoversche, wo man angeblich das allerreinste Hochdeutsch spricht. Nach drei Wochen schickt die Mutter den Vater nachsehen, ob Anton inzwischen Fortschritte gemacht hat. Der kommt wieder und berichtet:*
*„Dem Jung jeit et jot."*
*„Un", fragt die Mutter, „hät hä och ald Erfolg jehatt?"*
*„Ja jo dat! Et janze Dörp sprich Kölsch!"*

Wenn man erwachsene Kölner reden hört, scheinen sie das ausschließlich zu tun, um die Zeit von einem Urlaub bis zum nächsten zu überbrücken. Und als Heimkehrer von der Urlaubsfront hört man sie dann das eine übers andere Mal nur schwärmen. Allerdings wären sie keine Kölner, wenn da nicht ihr „Ävver" wäre. Sie sind begeistert, ävver mit Vorbehalt. Sie halten sich bis vor die Himmeltür immer ein Türchen zum Reklamieren offen.

Immer war es ganz toll – ävver dann die stressige Fahrt, die endlosen Staus, der fehlende Service in den Hotels, in Bars und Restaurants und vor allem – die Preise!

Immer war der Ort wie aus dem Prospekt – ävver dann der Hochhaushimmel vorm Fenster, der Presslufthammer vor der Tür, der Verkehrslärm am frühen Morgen, die Mückenplage am Abend, die Müllberge an den Stränden und die Tiefflüge des Militärs.

Der Aufenthalt sonst war wie immer durchaus erholsam – ävver schließlich der Zoff mit dem Partner, das Brüllen der Kinder, das Bellen des Hundes und endlich der Krach mit dem Reiseleiter und der erst noch anstehende Prozess mit dem Reisebüro. Da sieht man sofort den Unterschied. Wenn man mich fragt, wie es war, sage ich in so einem Fall klipp und klar:

*Traumhaft:*
*Angekommen.*
*Aufgewacht.*
*Aus der Traum.*

Nie kämen meinen echt Kölner Nachbarn derartige Worte über die Lippen. Allein schon deren schroffe Kürze widerspricht ihrem rheinischen Naturell. Sie sind deswegen zwar nicht blöd. Sie bewerten auch das Preis-Leistungs-Gefälle. Und sie ziehen ebenfalls nüchtern Bilanz.

*„Ich habe mein ganzes Kapital auf Ibiza angelegt!"*
*„In Immobilien?"*
*„Nä, in Cocktails."*

Zugleich aber sind sie bestrebt, die Fahrt in romantisches Licht zu tauchen und selbst ihren teuer erworbenen Kater nicht schwarzweiß, sondern in rosa Tönen zu malen. Sie tragen der Touristikbranche nichts nach. Lieber tragen sie nach Hause, was sie auf ihren Urlaubsfilmen besitzen, auch das nicht in Schwarzweiß, sondern in Farbe.

*Nach den Sommerferien fragt der Tünnes den Schäl: „Na, wie wor et dann op Mallorca?"*
*Darauf der Schäl: „Kein Ahnung, ming Filme sin noch nit zoröck!"*

Es wäre gar nicht verwunderlich, wenn es so toll auf Mallorca nicht gewesen wäre, und das nicht nur wegen der Engländer. Schließlich hatte schon George Sand, als sie mit Chopin dort Urlaub machte, an der Insel kaum ein gutes Haar gelassen. Vielleicht wäre es schon damals zum Filmen gerade recht, aber zum Baden zu kalt gewesen.
Trotzdem hält sich der Schäl mit ständigen Hinweisen auf die ausstehenden Urlaubsfilme fürs erste die Mallorca-Story noch warm. Sein Freund, frisch zurück aus Nordafrika, sieht darin klar seinen Erzählvorteil. Um seinen Kumpel auszustechen, macht er es bei seinem Bericht von der Reise besonders spannend:

*„Stell dir mich ens för", sagt der Tünnes zum Schäl, „ich janz allein medden en der Wüste. Ringseröm keine Baum, keine Struch. Nix wie Sand, Sand un noch ens Sand. Do, op eimol, kütt met enem Affenzahn ne hungrije Löw op mich anjerannt. Ich jevve Jas. Der Löw jitt noch mih Jas. Un dann, em letzten Momang, wie ich schon der Odem*

*vun däm Dier im Nacken han, ich erop op die hüchste*
*Palme ... "*

*„Moment ens", unterbricht ihn der Schäl, „evvens häs du*
*doch jesaat, do woren jar kein Bäum, noch nit ens e paar*
*Strücher – wie wells du dann op einmol an die Palm*
*jekumme sin?"*

*„Dat wor mer in dem Momang doch janz ejal!"*

Gerade im Urlaub möchte Tünnes nicht nur dem schnöden
Alltag entfliehen. Er will heraus aus der öden Realität. In seinen
Erinnerungen ist deshalb allenfalls ganz am Rande Platz für
Reinfälle und Pannen, für Enttäuschungen und Niederlagen.
Probleme sind tabu. Verdrängung ist alles. Das Gefühl, sämtlichen Abenteuern und Gefahren noch einmal sicher entronnen
zu sein, will im Gegenteil genossen sein. Um diesen Genuss zu
erreichen, können die Abenteuer gar nicht gefährlich genug dar-
gestellt werden.

Dabei hilft dem Erzähler zweierlei: Einerseits ist auf die Weite
gut lügen. Andererseits bietet ein gewisser Realitätsverlust die
beste Gewähr für eine positive Reisebilanz, die Lügen erübrigt.
Wer die durchlebten Situationen und überlebten Gefahren dann
durch kleinliche Einwände relativiert und auf ihre wahres Aus-
maß reduziert, der macht sich unbeliebt.

Anders ist das, wenn der Erzählende selbst eine Volte schlägt
und zurück auf den Boden der Tatsachen findet. Denn auch
das schafft der Kölner, ob aus heiterem Himmel oder aus
ärgster Erzählnot heraus. Urplötzlich fällt er dann aus der
Rolle, hat keine Lust mehr, den Helden zu spielen, der er ja
auch nur der besseren Story zuliebe war. Urplötzlich entwickelt
er dann einen nüchternen Realitätssinn, den man ihm nach

den vorherigen Luftnummern gar nicht mehr zugetraut hat. Und urplötzlich wird er dann, und sei es nur der besseren Pointe wegen, auch ganz schön direkt. Der Effekt ist umso größer, da die Geschichte zunächst genauso beginnt wie die vorangegangene:

*„Stell dir mich ens vör", sagt der Tünnes zum Schäl, „ich janz allein medden en der Wüste. Do, op einmal, kütt mit enem Affenzahn ne hungrije Löw op mich anjerannt. Ich fangen och an zo renne. Der Löw hinger mir her. Ich jeve Jas. Der Löw jitt noch mih Jas."*

*„Nä!" staunt der Schäl.*

*„Wenn ich et dir sage! Ävver", fährt der Tünnes fort, „wie mich der Löw ald fass an der Fott hatt', jenau en dem Momang rötsch dat Bies doch tatsächlich us, un ich ben jerett!"*

*Der Schäl atmet tief durch: „Mann o Mann, Tünnes, ich an dinger Stell – ich hätt' vor Angs en de Botz jedrisse!"*

*Selbstzufrieden reibt sich der Tünnes die Hände: „Jo, wat meinst do dann, wo drop dat blöde Bies usjerötscht es?"*

Das ist nur scheinbar ein Widerspruch. Die Traumwelten, in die sich der Kölner zwecks größeren Wohlbefindens flüchtet, lässt er sich nicht durch lästige Einwände und leidige Kontrollfragen vergraulen. Andererseits ist er Kaufmann genug, um sich selbst in der besten aller erträumbaren Welten noch zu fragen: Was ist für mich drin? Was springt für mich heraus? Nach diesen Erfordernissen biegt er sich, ein Meister im Einerseitsandrerseits, im Grund all seine Wahrheiten zurecht.

Bei einem Abenteuer scheint definitiv der Löwe das Sagen zu haben.

*Beim Zirkusdirektor schellt das Telefon, und es ertönt eine*
*seltsam röchelnde Stimme: „Ich habe eine neue Löwen-*
*Nummer für Sie: Todessprung durch brennenden Reifen!"*
*Der Direktor gähnt: „Das ist doch nichts Neues!"*
*„Bei mir schon. Hier spricht der Löwe. Bei mir springt der*
*Dompteur!"*

Wahrhaft abenteuerlich ist es auch, was Kölner im Umgang mit
fremden Idiomen anstellen und immer angestellt haben, ob diese
nun zu ihnen kamen oder sie ihnen im Ausland begegneten. Die
Verballhornungen französischer Wörter wie Baselemanes oder Fise-
matenten werden zwar oft und gern zitiert, die volksetymologischen
Erklärungen für ihren Ursprung gehen aber oft auseinander.
Die Dialoge sind nicht minder kontrovers, wenn es um die Ein-
schätzung der vorhandenen oder auch nicht vorhandenen
Sprachkenntnisse im Ganzen geht. Der Kölner neigt da zur
Selbstüberschätzung. So hoch er bei seinem eigenen Dialekt die
Messlatte für jeden Imi anlegt, so leicht glaubt er selbst, im
Ausland alle sprachlichen Hürden zu nehmen.

*„Ich kann jetz och Englisch", erzählt der Tünnes stolz dem*
*Schäl.*
*Der schaut zweifelnd drein: „Du, Tünn, un Englisch? Dann*
*saach ens jet!"*
*„Oui."*
*„Ävver dat es doch Französisch!"*
*„Mann, Schäl, dann kann ich jo och Französisch!"*

Dass Kölner überall auf der Welt und mit aller Welt prima zu-
rande kommen, wurde schon lobend festgestellt. Es liegt an

ihrer natürlichen Gabe, aus allem möglichst das Beste zu machen, sich also mit dem geringsten möglichen Aufwand an Vokabeln zu verständigen.

Es muss auch nicht immer an der Fremdsprache liegen, wenn sich Missverständnisse ergeben, obwohl man fließend „yes" und „no", „oui" und „non", „si" und „no" sagen kann. Schuld sind die anderen Sitten in anderen Ländern sowie die sattsam bekannten Bauern, die nicht fressen, was sie nicht kennen. Wir können platzbedingt diese Felder nur streifen. Ein Beispiel muss dabei für viele stehen.

> *Tünnes bestellt beim Italiener Wein zum Essen. „Rosso*
> *o bianco?" fragt der Cameriere.*
> *„Wie? Wat?" Er sieht verständnislos drein.*
> *Der Italiener übersetzt: „Rote Weine ote weiße?"*
> *Da endlich begreift er „Ejal, Haupsaach al dente!"*

Einen Italiener gibt es mittlerweile an fast jeder Ecke. Man muss also gar nicht mehr verreisen, um sich unsterblich zu blamieren. Denn seither gilt es für den Kölner, damit auch zu Hause klarzukommen. Nun, es macht ihm nichts aus, Tschau statt Tschüss zu sagen und zu wissen, dass es Kianti und nicht Schianti heißt. Es stört ihn nicht, wenn man Köln beim Essen als die nördlichste Stadt Italiens preist. Wenn der Kölner beim Italiener isst, lässt er sich so schnell durch nichts mehr erschüttern, schon gar nicht durch das unvermeidliche Prägo, mit dem man ihm die Piatti serviert. Fehlt nur noch, dass er darauf Grazie sagt. Manchmal nervt es ihn nämlich, das laute Gemache. Und das vertraute Getue regt ihn auf. Dann marschiert er ab ins Brauhaus und rammt sich ein Hämchen mit Sauerkraut rein.

*Zwei Kölner Journalisten gehen beim Italiener vorbei.*
*„Solle mer ens eren jonn?" fragt der eine.*
*„Enä", erwidert der andere.*
*„Un woröm nit?" fragt der erste weiter.*
*„Söns es doch der Witz fott! Do sin se em Momang doch all. "*

Dann, nach ein paar Kölsch, fühlt er sich wieder besser, nicht zuletzt deshalb, weil selbst er als multikultureller Esser inzwischen solche Alternativen hat. Die kulinarische Welt ist groß, sie geht bis weit hinter Hammelrath und Immekeppel. Wenn der Kölner also nicht gerade Afrika bereist, auf Mallorca Urlaub macht oder als Rentner für immer ins Allgäu zieht, dann fährt er zumindest am Wochenende an die Ahr, in die Eifel oder ins Bergische Land.

*Der Tünnes macht mit dem Mariechen eine Fahrt in die*
*Eifel. Plötzlich weist er mit der Hand aus dem Wagen und*
*sagt: „Maria Laach!"*
*Darauf das Mariechen: „Woröm?"*

Natürlich ist auf den ersten Lacher wieder die Frau die Dumme in der Geschichte. Andernfalls wüsste sie, dass es bei Laach ein Kloster ihres Namens gibt. Ach was, Kloster, ein beliebtes Ausflugsziel! Wozu sonst führe der Tünnes wohl mit ihr dorthin? Man kann die Geschichte mit dem Mariechen aber auch anders interpretieren. Tünnes ist der Autofahrer, er ist also der Schlaue und hat prinzipiell Recht. Tünnes als schlauer Autofahrer erklärt Maria wieder einmal die Welt. Sie hört aber längst nicht mehr richtig hin. Also übersieht sie den bedeutsamen Fingerzeig und hört nur so eben die beiden Wörter.

Vielleicht ist sie aber auch mit sich beschäftigt. Vielleicht hat sie gerade ganz andere Sorgen. Vielleicht ist ihr überhaupt nicht nach Lachen zumute. Oder das Lachen ist ihr als Beifahrerin von ihrem Tünnes längst vergangen. Klar, dass sie reagiert, wie sie reagiert. Komisch dadurch, dass es völlig humorlos klingt.

Vielleicht ist das aber auch ganz und gar überinterpretiert, und das Mariechen ist tatsächlich strohdoof. Eine Stadt, die solche Mariechen hat, braucht sich jedenfalls nicht um Blondinen zu sorgen. Und im Gegensatz zu diesen können die Mariechen gut tanzen.

Eine Nachbemerkung folgt auf dem Fuß. Nach meiner Erinnerung ist das nämlich der einzige Witz mit kölschem Zungenschlag, der sogar im „stern" auf der (Humor-)Seite 13 gelandet ist. Die Hamburger, als Imi darf ich das behaupten, ohne in den Verdacht zu geraten, ein schnell gekränkter Kölner zu sein, verstehen nämlich das kölsche Platt noch so eben. Den Kölner Karneval, den Kölner Humor und den Kölner als solchen begreifen sie nie. Das haben mir schon viele Köln-Artikel in der „ZEIT", im „Spiegel" und im „stern" bewiesen.

Die sonnige Gemütsart der Kölner befähigt sie, wie schon gesagt, mit aller Welt „prima zurechtzukommen". Und zwar, wie sie betonen, überall. Das gilt leider nicht auch umgekehrt für alle, die als Fremde unter Kölner geraten – was, das sei eigens hinzugefügt, nicht unbedingt an Köln allein liegen muss.

Die Nordlichter hatten immer mit Köln, ich hatte in Köln oft Probleme mit Witzen. Nicht, dass sie mir vergangen wären, wie mir meine Lehrer das angedroht hatten, oder ich sie mir nicht mehr hätte merken können, wie man das älter werdend selbst konstatiert. Aber meine in Bayern früh entdeckte Begabung anzuecken schien sich hier trefflich zu bestätigen, mit für waschechte Bayern vergleichsweise milden Scherzen. Was ich noch völlig harmlos fand, fanden die Kölner schon fast verletzend; die Kids von heute würden sie wohl „uncool" nennen:

Kölner sind keine guten Boxer; sie teilen zwar wahllos aus wie einst Müllers Aap, stecken selbst aber nichts ein. Eher gleichen sie Jimmy Ostermann, dem gehätschelten Malteserhündchen meiner Nachbarin der frühen Kölner Jahre. Der war empfindlich wie eine Mimose, ging mir aus purer Langeweile aber selbst schon mal ans Hosenbein.

# Der historische Witz

Eigentlich gibt es ihn gar nicht, den Kölner Witz. Es gibt vermutlich überhaupt keine Witze, die es nicht vorher anderswo schon gegeben hat. Auch die meisten so genannten Kölner Witze sind wesentlich älter als Köln selbst. Und über manche Kalauer von Tünnes und Schäl haben die Kelten schon gelacht.

Auch dass im Hänneschen-Theater zunächst nur der verträgliche, aber geistig etwas träge Tünnes in Erscheinung trat und sich erst Jahrzehnte später der gewiefte, zuweilen etwas arglistige Schäl dazugesellte, besagt mehr über die dramaturgischen Schwächen der früheren Stücke als über die wahren Lebenswege der zwei unsterblichen Witzfiguren. Denn nicht nur bei Streifenwagenbesatzungen der Polizei und bei Verhören in TV-Krimis treten die Protagonisten immer paarweise auf. Immer ruft jeder strahlende Held oder auch jeder komische Heilige nach einem bösen Gegenüber, von dem er sich abheben, oder wenigstens nach einem boshaften Widerpart, an dem er sich reiben kann. Der liebe Gott braucht den Teufel, der Nikolaus den Knecht Ruprecht, der Kasper das Krokodil, damit der Gang der Unterhaltung nicht stockt und die Vorstellung nicht verödet. Karl

Valentin hatte für seine berühmten Sketche eine Liesl Karlstadt zur Seite. Im erfolgreichen Colonia-Duett erntete Hans Süper die größten Lachsalven mit Pointen über seinen Partner, „Zimmermän, du Ei", meist auf dessen Kosten. Dick hatte im Film dafür seinen Doof. Pat hatte seinen Patachon.

Und wenn über Wortwitze gelacht werden soll, sorgen auch außerhalb von Köln seit jeher und überall entsprechende Paare und Partner für Heiterkeit: der Härli und der Schärli, Herr Fröhlich und Herr Schön, Antek und Frantek oder wie sie sonst noch heißen. Und oft tun sie es auch mit denselben, nur im Dialekt anders eingefärbten Witzen.

Erst durch unterschiedliche Dialekte und Erzählweisen werden solche Witze klar lokalisierbar. Und manchmal machen die lokalisierte Sprache und der ritualisierte Gesprächsstil auch schon ihren ganzen Gehalt aus. Auf einer der frühen Stunksitzungen, die mit wachsendem Erfolg die karnevalistischen Veranstaltungen der etablierten Vereine persiflierten, hat deren Sitzungspräsident Jürgen Becker diese schablonenhaften Dialoge gekonnt parodiert. Wenn irgendein Tünnes irgendeinem Schäl irgendetwas erzählt, klingt das oft nicht anders:

*Einmarsch. Tusch.*
*Neulich han isch dä jetroffe, do sät dä doch för misch …*
*TÄTÄH!*
*Da sagen isch för den …*
*TÄTÄH!*
*Näh, sät dä för misch, wie kans de sujet sage …*
*TÄTÄH!*
*Ja, sagen isch, isch sagen et wie et es …*
*TÄTÄH!*

*Do sät dä doch för misch: Dat säs du.*
*TÄTÄH!*
*Do han isch för dä jesaat: Do sähste jet!*
*3 TÄTÄH und Abmarsch.*
*(Kommt nochmal zurück in die Bütt gelaufen und sagt):*
*Ach so, isch han noch jet verjesse: Do sät dä doch für misch:*
*Saag bloß!*
*TÄTÄH! TÄTÄH! TÄTÄH!*
*Endgültiger Abmarsch.*

Das ist, ohne die Tuschs dazwischen, schon fast ein Gedicht, ist mehr Text-Collage als karikiertes Gespräch. Der Dialog ist so gut wie inhaltsleer, sagt aber alles. Er ist so kölsch, wie etwas nur kölsch sein kann. Der Witz ist nicht mehr, was erzählt wird, sondern dass es erzählt wird. Welche Scherze auch dem Inhalt nach nur in Köln erzählt werden können und welche Pointen somit ein spezifisch kölnisches Humorverständnis widerspiegeln, darauf soll im Folgenden anhand von Einzelbeispielen noch die Rede kommen, womöglich zwischen zwei auch auswärts nachvollziehbaren Lachern.

Auf alle Fälle dürften sich schon die Legionäre des glücklosen römischen Feldherrn Varus über Witze von Antonius und Scelus so schlapp gelacht haben, dass sie danach im Teutoburger Wald mit Leichtigkeit zu besiegen waren. Das würde ganz nebenbei auch erklären, weshalb man bis heute gern von einem gewinnenden oder zumindest entwaffnenden Lachen spricht.

Ein Antonius machte schon als Trauerredner in William Shakespeares Drama „Julius Caesar" eine gute Figur. So gut wie jeder kennt heute zudem den heiligen Antonius als Namenspatron. Der Tünnes steht demnach mit recht gutem Leumund da.

Scelus dagegen bedeutet im Lateinischen regelrecht Verbrecher, in einer weiteren Wortverbindung aber auch Ränkeschmied. Als solcher hat sich im Mittelalter dann wohl sein Nachfolger „Scheel" erwiesen. Der heutige „Schäl" verkörpert nach Aussehen, Auftreten und dem, was er äußert, gleichfalls den intriganten Typ. Wenn es sich bei dem Witzkumpan des Antonius nur um einen schiefäugigen Menschen gehandelt hätte, wäre sein lateinischer Name wohl passender Strabo (von lateinisch: schielend) gewesen. Mit dem Schälsein war also nicht nur eine körperliche Fehlbildung, sondern ein nicht gleich augenfälliger charakterlicher Makel gemeint.

Die Schlacht im Teutoburger Wald war immerhin schon ein halbes Jahrhundert vorüber, als die römische Kaiserin Agrippina auf die Idee kam, ihren Geburtsort, das bisherige Ubierdorf (Oppidum Ubiorum) in den Rang einer Stadt zu erheben und als römisches Provinzzentrum auszubauen. Wie viele Neubauten damals wie oft einstürzten, bis die Römerstadt stand, ist nicht überliefert. Auch nicht, über welche städtischen Witzfiguren man damals auf dem gerade fertigen Forum am meisten gelacht haben mag. Tünnes und Schäl hießen sie damals jedenfalls noch nicht.

An der heiteren Ahnherrenschaft der Römer am rheinischen Frohsinn bestand jedenfalls bis vor kurzem kein Zweifel. Die begingen, anfänglich bestaunt von den noch recht ländlich geprägten Ubiern, auch in der neuen römischen Veteranenkolonie ihre Saturnalien, aus denen sich erst nach und nach der Karneval entwickelt haben soll. Es fällt übrigens schwer, hier und heute bei allen Vorbehalten nicht einen gewissen Zusammenhang zu sehen – zwischen dem Alter der Stadt, dem ihrer ersten verdienten Bewohner und dem der Witze, die sie sich erzählten.

*Am Aschermittwoch trifft der Tünnes den Schäl: „Saach ens,*
*Schäl, es et wohr, do bes om Ball us dem Jörzenich jefloge?"*
*„O jo!"*
*„Als wat worste dann do hin jejange?"*
*„Als römischer Jott Merkur", antwortet der Schäl, „met zwei*
*Flögelcher am Helm. "*
*„Met su jet flüch mer doch nit us dem Jörzenich. Saach, wie*
*soh ding Kostüm dann wigger us?"*
*„Wat für en Kostüm?"*

Nicht wenige dürften damals noch ganz genauso wie Asterix
gedacht haben: „Die spinnen, die Römer!" Bis heute kann man
im Straßenkarneval und in den Festsälen immer wieder einmal
solch einem verrückten alten Römer in voller Montur begegnen.
Ja, im westlichen Kölner Vorort Weiden marschiert sogar eine
ganze Römergarde auf.

Eine Inschrift auf einem antiken Tonscherben bezeugt scheinbar
diesen historischen Zusammenhang zwischen dem *humor* der
Römer, was wörtlich Feuchtigkeit, aber auch Laune bedeutet,
und dem Humor der von ihnen beherrschten Völkerscharen,
die sie damit angesteckt hatten. Mir scheint sie aber eher auf
ubischem Mist gewachsen zu sein.

DATIS
NEPIS
POTUS
COLONIA

Mein rheinischer Großvater, der mich in frühem Kindesalter
mit solchem Kulturgut konfrontierte, brachte mir auch die köl-

nische Lesart bei: „Dat is ne Pisspott us Colonia." Dass er selbst als preußischer Beamter gar keinen Dialekt sprach, tat seinem Vergnügen an dieser kölschen „Übersetzung" keinen Abbruch. Analog zu der Refrainzeile aus einem damaligen Karnevalslied von Willi Ostermann, saß er dabei „im Sessel und lacht' sich kapott". Vor allem über mein dummes Gesicht.

Immerhin zeugte das bereits vorhandene Nachtgeschirr in dem Witz von wenn auch bescheidenem Einfluss römischer Lebensart. Das römische Reich war groß. Daran war nicht zu rütteln. Aber Rom war weit. Und so präsentierte sich Köln als die Fortsetzung der Kultur mit rheinischen Mitteln.

Jahrhunderte später waren die Sitten derart verfallen, dass sich hochgestellte geistliche Herren ohne jede Hemmung durch das Treppengeländer von Schloss Augustusburg erleichterten, wenn sie sich nicht lieber gleich im Brühler Schlosspark in die Büsche schlugen.

Der Kalauer blieb für mich zudem ein frühes Beispiel für die Neigung des Kölners, es mit der Sprache auch bei Witzen nicht immer so genau zu nehmen. Rom war wie gesagt weit, und so reimten sich die Ubier in ihren Texten schon immer gern etwas zusammen, das man fernab vom Rhein als unrein bemäkelt hätte. Das Kölner Liedgut strotzt noch heute von solchen saloppen Wortverbindungen wie zum Beispiel *Durst* auf *Lust*.

Selbst bei Zahlen nimmt man es nicht so genau. Nach sangesfrohem Bekunden genügt es zu wissen, dass dreimal null null ist und null bleibt.

*Fragt der Tünnes den Schäl: „Wievill es eins un eins?"*
*Sagt der Schäl: „Dat weiß ich nit. Ävver vill kann et nit sin,*
*sönß wöss ich et!"*

In den ersten nachchristlichen Jahrhunderten waren auch unsere beiden Witzbolde vor allem damit beschäftigt, sich ihre Überlebenschancen auszurechnen. Der christliche Glaube hatte auch in der rheinischen Provinz Fuß gefasst. Aus dem Antonius war ein Anton geworden und aus dem Scelus ein Scheel. Die von Rom ausgehenden Verfolgungen aber folgten ebenfalls auf dem Fuße.

*In der Zeit der diokletianischen Christenverfolgung sitzen Anton und Scheel in der Südkurve einer längst verschwundenen Arena in Stadionnähe und sehen zu, wie ein hartnäckiger Bekenner des neuen Glaubens zu Tode gebracht werden soll. Immer noch ein Löwe wird auf den Delinquenten losgelassen, der in der Arena kniet, betet und psalmodiert. Statt sich aber auf ihn zu stürzen, lassen Löwe nach Löwe sich im Kreis um ihn nieder, falten die Pranken und beten mit. Schon sind ein halbes Dutzend Raubkatzen friedlich versammelt, da kommt ein verflixtes siebtes Tier und frisst den Vorbeter mit Haupt und Haar. Darauf stupst der Scheel den Anton an: „Ich han et jewoss! Wann de Schwerhürije kütt, es Schluss!"*

Von real existierenden Löwen geht inzwischen keine vergleichbare Gefahr mehr aus. Wie die Drachen im Sagenreich oder als Hausdrachen im Witzbereich, so sind die Raubkatzen in der Zirkusmanege und in Safariwitzen gelandet. Unter den Aspekten Familie und Urlaub gab es diesbezüglich bereits ausreichend Gelegenheit zu brüllen.

Die Kölner hatten nach dem Zusammenbruch des römischen Imperiums nichts zu lachen: Immerhin schwappte im Zug der Völkerwanderung mit Hunnen und Vandalen, Goten und Awaren, Alemannen und Sueben auch eine Menge Witze auf die linke Rheinseite herüber, die sie noch nicht kannten. Dieses bunte Gemisch bildete im frühen Mittelalter einen humoristischen Vielvölkersalat, in dem niemand allzu gründlich rühren mochte, um nach den wahren Urhebern der Scherze zu forschen. Allenfalls wurde in Witzen daran gerührt, wie sehr dem Erzbischof von Köln sein familiärer Klüngel mit dem Ottonischen Kaiserhaus genützt haben mochte. Und auch die Art und Weise, wie die Knochen der Heiligen Drei Könige aus Mailand nach Köln und in den Goldenen Schrein im Dom gelangt waren, wurde 250 Jahre später noch oftmals belacht.

Wieder ein wenig später müssen sich auch die letzten Raubritter des Mittelalters über die derben Späße eines Anton und die bösen Scherze eines Scheel so amüsiert haben, dass unter ihrem Gelächter immer noch eine Rheinburg zusammenkrachte und danach so auszusehen begann, wie sie heute noch aussieht. Mir ist ein Witz erinnerlich, der genau in diese ruinöse Zeit passt. Es sollte mich sehr verwundern, wenn er nicht schon damals erzählt worden wäre.

*Der Ritter Kunibert hat es geschafft, eine Kölner Patriziertochter als seine Angetraute heimzuführen. Als er mit ihr auf die Burg zureitet, scheut das Pferd mit den beiden plötzlich vor einem Graben und wirft die Braut ab. Der Ritter zieht die Braut zu sich hoch auf sein Pferd und sagt: „Einmal!" Dann reiten sie weiter. Einige Zeit danach scheut das Pferd erneut. Diesmal landen beide auf dem Boden. Der Ritter sagt: „Zweimal!" Und wieder reiten sie weiter. Als kurz darauf der Gaul zum dritten Mal scheut und sie abwirft, sagt der Ritter: „Dreimal!" Dabei zieht er sein Schwert und ersticht das Pferd.*

*Die Braut beginnt hysterisch zu schreien: „Das schöne Pferd!*
*Wie konntet Ihr nur? Wie sollen wir nun je nach Hause*
*kommen?"*
*Der Ritter steckt das Schwert in die Scheide, wendet sich vor*
*seiner Braut zum Weitergehen und sagt, ohne sich nach ihr*
*umzusehen: „Einmal!"*

Nach 1500 war nicht nur das Raubrittertum am Ende. Auch
der Dombau in Köln kam zum Erliegen. Jahrhunderte lang
blieb der einzige bereits bestehende Turm ein Torso, den weithin
sichtbar ein Baukran bekrönte. In dem späteren Kapitel über
den importierten Witz wird dieser Baulücke in Glockenturm-
höhe eine nicht unerhebliche Rolle zuteil. Zunächst einmal aber
hatten sich die Kölner in der Ebene erfolgreich vom Joch der
Erzbischöfe befreit oder, ehrlich gesprochen, sich in aller Unschuld in der Schlacht bei Worringen von Bergischen Bauern
befreien lassen. Deshalb präsentiert sich im närrischen Drei-
gestirn bis heute statt dem Erzbischof auch ein stolzer Prinz,
flankiert von einer lieblichen Jungfrau und, last not least, einem
deftigen Bauern. Das bäuerliche Element verschwand nie ganz
aus der rasch wachsenden Stadt, wie auch die deftige Kompo-
nente nie aus der Umgangssprache verschwand.

*Auf dem Altermarkt ist ein Streit unter den Marktweibern*
*entbrannt. Zuerst fliegen beleidigende Worte hin und her,*
*dann Kappesköpfe und schließlich, als die alle sind, auch*
*Pferdeäpfel.*
*Ein solches Wurfgeschoss landet ausgerechnet im Mund der*
*lautesten Marktschreierin. „Esu", ruft die, „un dä bliev jetz*
*dren, bes dat de Polizei kütt!"*

Vorerst waren es aber doch mehr die Kurkölnischen als die Ur-kölschen, die sich im Verlauf nachfolgender Erbfolge- und anderer Kriege immer einmal wieder mit den ländlichen Nachbarn herumschlagen mussten.

Ein Bauernsohn vom Niederrhein war einst bei der stolzen Griet abgeblitzt und aus lauter gekränktem Stolz General geworden. Vor Orden blitzend ritt er jetzt in Köln ein und sah den Schwarm seiner Jugend als Marktfrau am Altermarkt sitzen, dort, wo sie heute noch am Sockel des Denkmals sitzt. Es ergab sich zwar kein spätes Happyend, aber immerhin dieser denkwürdige Dialog:

> *Jan: „Wer et hätt jedon!"*
> *Griet: „Wer et hätt jewoss!"*

Theoretisch könnte der kurze Wortwechsel auch umgekehrt verlaufen sein. Es ist aber fast zu vermuten, dass „dat Griet" (Mädchennamen sind in Köln sächlich), wenn es schon nicht den General bekommen konnte, wenigstens das letzte Wort behalten hat. Gemeinhin blieben die Marschallstäbe sowieso im Tornister stecken – und die Militärkarrieren im Kanonenrohr.

> *Der Tünnes und der Schäl dienen bei der Funkenartillerie und sind abkommandiert, die Kanone zu reinigen. Als sie das Kanonenrohr nach Stunden außen und innen blitzblank poliert haben, steckt der Tünnes den Kopf in die Mündung und sagt: „Esu, dat hätte mer, Schäl, un jetz ens drei Schoss janz hösch kumme loße!"*

Das Pulver war von solchen Kriegern gewiss nicht erfunden worden. Dafür aber blieb einem stadtkölnischen Soldaten jener

Appell zur sparsameren Verwendung vorbehalten, der bis heute in keiner Betrachtung über die zutiefst friedliebenden Kölner fehlen darf und der wie kein zweiter diese Einschätzung untermauert.

*Als sich Kölner Truppen plötzlich mit preußischer Kriegskunst konfrontiert sahen, soll ein Soldat entsetzt gerufen haben: „Passt doch op met dem Scheeße! Seht ehr dann nit, dat he Lück ston?"*

Nicht lange danach quartierten sich französische Revolutionstruppen in Köln für länger ein. Und weil sie sich in dem Gewirr der Altstadtgassen nicht zurechtfanden, wurden die Häuser kurzerhand durchnummeriert. Alteingesessenen Kölnern muss das auch wie ein Witz vorgekommen sein, bevor die Hausnummer 4711 zur weltberühmten Parfümmarke wurde.

Mir sind aus der Franzosenzeit keine Witze von, sagen wir, Antoine et Torve erinnerlich. Ich meine auch, diese beiden Namen nie gehört zu haben, obwohl sonst eine Unzahl französischer Wörter, Namen und Ausdrücke aus der damaligen Zeit in der Kölner Sprache erhalten geblieben oder zumindest aus Verballhornungen noch herauszuhören sind. Sie verdankt den Franzosen das „Trottewar", den „Paraplü", ja, sogar den vom „Adieu" übrig gebliebenen Abschiedsgruß „Tschö". Und wenn man heute noch von einem „Malörche" spricht, muss der Vater des unehelichen Kindes nicht mehr unbedingt Franzose oder Besatzungssoldat oder beides sein.

Der Kölner Bürger geht wie mit allem auch mit der Leitkultur aus dem Westen nach seinen Bedürfnissen wählerisch um. Die feine französische Lebensart hat es ihm zwar angetan. Übergroßer

Respekt vor der Etikette oder gar vor gekrönten Häuptern aber ist und bleibt ihm fremd.

*Tünnes macht eine Frankreichfahrt und setzt sich während einer Schlossbesichtigung auf einen der Stühle, um zu verschnaufen.*
*„Sie können ier nischt sitzen, mein Err!" fährt ihn sofort der Schlossführer an. „Dies ist der Stuhl von Louis Quattorze!"*
*„Mäht nix", sagt der Tünnes, „wann hä kütt, ston ich op!"*

Als die junge Queen Elizabeth die Domstadt besuchte, war der Jubel schon deshalb so groß, weil sie leibhaftig zu Besuch in Köln weilte und keineswegs nur, weil sie Königin von England war. Die Kölner jubelten und jubeln einfach gern. Und dazu ist ihnen jede Gelegenheit und jeder gegebene Anlass recht. Der Kabarettist Jürgen Becker hat dieses Jubelphänomen auf den Punkt gebracht:

*„Ob Fronleichnam oder Rosenmontag – Haupsache, d'r Zoch kütt!"*

Das organisierte Narrentum blickt mittlerweile auf eine fast zweihundert Jahre alte Jubeltradition zurück. Im Jahre 1823, acht Jahre nach Waterloo, bewegte sich zum ersten Mal ein Rosenmontagszug durch Köln, schon mit den parodistisch gemeinten Roten Funken, aber noch mit einem ernsthaft so genannten „Held Karneval".
Die Roten Funken sollten damals die reichlich verschlafenen Kölner Stadtsoldaten persiflieren. Mit einer Pfeife und einem Bückling auf dem Helm, mit einer Blume im Gewehrlauf und

mit einer stark gesäßbetonten Exerzierübung, dem so genannten Stippeföttchen. Heute werden sie schon lange – ganz in Rosa – selbst parodiert. Freilich ist eine solche Parodie der Parodie mit dem guten alten Kölner Humorverständnis nur noch sehr entfernt verwandt. Der Witz liegt bei dieser schwulen Truppe woanders.

Aus dem karnevalistischen Held Karneval war schon bald ein stolzer Prinz geworden. Der wurde mit „Seine Tollität" angeredet und bekam als weitere Tollitäten Bauer und Jungfrau hinzugesellt. Der Bauer war selten ein richtiger Bauer. Er stand nur stellvertretend für den rustikalen Anteil im Erbgut der stadtkölnischen Bevölkerung. Und die Jungfrau war keine Jungfrau. Sie war und blieb (nach drei Ausnahmen während der Nazizeit) bis auf den heutigen Tag ein Mann. Eine Frau hätte die sittlich erneuerten Narren allzu leicht gefährden können!

Den Preußen war alles ungezügelt Bacchantische und ungehemmt Chaotische verdächtig. Sie sahen Ruhe als oberste Bürgerpflicht an und Ordnung und Disziplin als höchste Lebensziele. Gehorsam rief darum auch der Zeitgeist, vertreten durch gebildete Bürgerkreise, nach mehr Zucht und Ordnung im Karneval.

Die Narretei, sie sollte heraus aus der Gosse und sich in Reih und Glied zu einem geordneten Umzug formieren. Sie sollte närrisch uniformiert exerzieren und paradieren. Sie sollte sich als formierte Gesellschaft in geschlossenen Sälen amüsieren. Soweit diese Amüsements polizeilich genehmigt waren.

Dass man sich allzu viel nicht erlauben durfte, mussten vor allem die Spaßmacher erfahren. Darin erging es ihnen nicht anders als zu allen Zeiten, als den spätrömischen Spöttern, den mittelalterlichen Schelmen und den feudalhöfischen Narren.

Spätere Witzbolde riskierten zwar nicht mehr Kopf und Kragen wegen Majestätsbeleidigung. Aber die Satiriker vom „Simplicissimus" in München wanderten dafür ebenso ins Kittchen wie Willy Millowitsch Vater, der Begründer der berühmten Kölner Theaterdynastie.

Seinem gleichnamigen nachmalig viel populäreren Sohn gebührt übrigens das nicht ganz ungeschmälerte Verdienst, das kölsche Volkstheater im gesamten deutschsprachigen Raum bekannt gemacht zu haben. Um sein kleines Theater finanzieren zu können, ließ er sich mit seinen im Dialekt geschriebenen und gespielten Stücken auf das Fernsehen ein.

Die Einbuße betraf den Dialekt. Denn damit man die Witze auch in Berchtesgaden und Flensburg verstand, wurde eine Art reformiertes Kölsch gesprochen, bei dem einiges von der Deftigkeit und der Saftigkeit des kölschen Idioms auf der Strecke blieb. Aufgezeichnet wurden erfolgreiche Schwänke, wie sie ähnlich auch anderswo gespielt wurden, mit den üblichen Verwicklungen und Verwechslungen, mit deftigen Einlagen und saftigen Pointen, die, wenn zu sonst nichts, immer gut für einen Lacher waren.

Auch in dem Stück „Et fussig Julchen" von Willy Millowitsch senior bleiben die kleinen Leute weitgehend unter sich. Die große Politik spielt so gut wie keine, der halb bewundernde, halb neidische, aber immer etwas mickrige Blick nach droben dagegen eine wichtige Rolle, wenn sich der Wäschereibesitzer Anton Roeb vom Hänneschen, dem aufstrebenden Sohn des Schlossverwalters und Verehrer seiner Tochter, über den Unterschied zwischen seinem Leben und dem feinen Leben derer dort oben aufklären lässt. Als der Junge von großartigen Bällen spricht, denkt der Alte nur an seine Kölner Kicker. Als von feinen Toi-

letten der Damen die Rede ist, vermutet er sie auf dem stillen Örtchen. Und als es um das leckere Essen auf dem Schloss geht, knurrt ihm vor Hunger der Magen.
Schließlich rettet er sich in einen Witz:

*„Do mer jrad' vun Ungerschied spreche", sagt der Tünnes*
*zum Schäl, „kennste der Ungerschied zweschen enem Liter*
*Schnaps und drei Tellere Bunnezupp?"*
*„Enä!" sagt der Schäl.*
*Darauf der Tünnes: „Wann do 'nen Liter Schnaps jesoffe*
*häs, dann schüßte noch vörre. Un – nee, nee, nee, nee, nee,*
*nit, wat do meins! Und wenn de drei Tellere Bunnezupp*
*jejessen häs – dann beste satt!"*

Zum ersten Mal gesehen und gehört habe ich diesen etwas anrüchigen Spaß nicht auf der Theaterbühne, sondern während eines Auftritts in einem Kinosaal. Willy Millowitsch junior mimte den unverbildeten Vater Roeb, sein Bühnenpartner Franz Schneider den Hans, seinen vom Umgang in höheren Kreisen leicht verbogenen Schwiegersohn in spe.
Im Kino am Hahnentor, 1953 einer der wenigen verfügbaren Säle in der Stadt, fanden karnevalistische Veranstaltungen statt, mit den besten Kräften, wie das damals schon hieß, aber ohne festlichen Rahmen. In den Klappstuhlreihen saßen all jene, die für die eigentlichen Fest- und Gala-Sitzungen bei der Währungsreform zu wenig Geld bekommen hatten oder im Vorverkauf keine Karten, und das waren nicht wenige, so dass jede Vorstellung restlos ausverkauft war. Ich war mit Mutter und Bruder erst nach Beginn der Session nach Köln gezogen. Uns fehlte beides.

Dass der Sketch auch außerhalb des Theaters so gut ankam und bis heute belacht werden kann, das lag nicht nur an der starken Besetzung. Er scheint mit seinen haarsträubenden verbalen Missverständnissen mehr aus Kalau zu stammen als aus Köln. Er stellt darüber hinaus aber teilweise blühenden Nonsens dar und ist dadurch vergleichbaren Dialogen zwischen Karl Valentin und Liesl Karlstadt näher als den meisten scheinbar verständigen Dialogen zwischen Tünnes und Schäl.

Zugleich erfüllt die kleine Szene aber auch die hauptsächliche Bedingung, die aus kölschem Humorverständnis heraus an jeden Witz gestellt wird, der in Köln bestehen will. Es werden die aberwitzigsten Möglichkeiten durchgespielt, zu Glück, Geld und Ehre zu kommen, ohne dass das Happy End einen Augenblick in Zweifel gerät. Die Protagonisten sind von einer unerschütterbaren Naivität und Zuversicht. Gleichzeitig sind die Winkelzüge, die sie zur Verwirklichung ihrer Wünsche unternehmen, von keinem Politiker zu übertreffen. Dabei spielt die Kunst, sich dumm zu stellen, keine geringe Rolle.

Es fehlte wie gesagt an großen Sälen. Darum wurde in einem vom Zirkus Williams aufgestellten Zelt gegenüber dem Aachener Weiher geschunkelt und gesungen, gewitzelt und gelacht. Karl Berbuer sang sein Trizonesienlied, die Witwe von Willy Ostermann wurde auf die Bühne komplimentiert. Und der Büttenredner Karl Küppers, den schon die Nationalsozialisten regelmäßig aus der Bütt geholt und eingebuchtet hatten, seiner unbotmäßigen Witze wegen, war meiner Erinnerung nach der einzige Redner, der sich zu seinem Vortrag auf den Büttenrand schwang und dann aufmüpfig mit den Beinen baumelte.

Nach dem Zweiten Weltkrieg ist nicht nur an Stammtischen allen Ernstes behauptet worden und lange unbelacht geblieben, die Kölner hätte anders als das ganze übrige Großdeutsche Reich zweierlei vor den Anfechtungen des Nationalsozialismus bewahrt: ihr katholischer Glaube und ihr Humor. Dabei kursierten die Flüsterwitze, die uns als Beleg für ihren Widerstand dienen sollen, damals im ganzen verbliebenen Reich. Nicht wenige kamen direkt aus Berlin.

*Während des Krieges trägt der Tünnes einen Globus aus dem Haus: „Dä muss fott. Dä es brandjefährlich."*
*„Zick wann es ene Globus jefährlich?" fragt ihn der Schäl.*
*„Zickdemm de Oma jefroch hät, ov do wirklich die janze Welt drop es. Jajo dat, han ich jesaat. Dann dät se mich froge, ov et Jroßdeutsche Reich och drop es. Klor, han ich jesaat. Dann wollt se, dass ich ihr et Jroßdeutsche Reich zeigen dät. Et hät e bessche jedort, bes dat ich et jefungen hatt. Un weiß de, wat se dann jesaat hät? Wat? Dat Futzi-Pünkche, dat sin mir? Hät se jesaat. Weiß dat der Führer?"*

Was der Kölner Karikaturist Arno Faust aus dem Krieg „zu Fooß nach Kölle" gerettet hatte, war wohl auch eher Galgenhumor. Wenn er nicht gerade sang und Gitarre spielte, hat er in der Künstlerkneipe „Kleine Glocke" oft und gern die Geschichte vom kleinen Mann in großdeutscher Zeit aufgetischt, auch wenn sie gar nicht so witzig und obendrein erlogen war.

*An der Ostfront war ich auch. Ich habe dort sogar einmal dem Führer in die funkelnden Augen geschaut. Seinen Blick werde ich nie mehr vergessen. Wie der einmal die Front besuchte und die Reihe seiner Soldaten abschritt, bleibt er plötzlich vor mir stehen und sagt: „Bist du der Faust aus Köln?"*

*„Zu Befehl, mein Führer!", sage ich.*
*Darauf der Führer: „Mach', dass du nach Hause kommst!"*

Der Arno war nicht so einfach davongekommen. Der Arno hatte sich in seiner Geschichte auf eleganteste Weise davongemacht, durchaus im eigenen Interesse und nicht aus bloßem Abscheu vor dem, was er sah, und sogar mit freundlicher Genehmigung des Führers. Und sich davonmachen – nichts anderes war es, was er tat, als er bis zuletzt Gitarre spielend in der „Kleinen Glocke" saß.

Der Arno überlebte, als Original. Originell war dabei nur seine Art zu leben und mit seinen Erlebnissen umzugehen. Seine Lebensphilosophie war dagegen in Köln weit verbreitet. Seine Geschichte war exemplarisch. Sie machte mir zum ersten Mal klar, was das war, der kölsche Dualismus.

Seitdem habe ich in vielen ernsten und heiteren Situationen, aber auch in Witzen Kölner getroffen, die dieser philosophischen Lehre folgen, ohne sie je studiert zu haben. Sie folgen ihr ganz intuitiv, wie ihr schon ihre Eltern und Großeltern gefolgt waren, weil sie wie diese Kölner sind.

Einerseits geben sie völlig hemmungslos ihrer gleichfalls angeborenen Neigung nach, sich in der Geschichte auf Augenhöhe mit den Großen der Welt zu präsentieren, auch wenn es manchmal, wie gesehen, leider die Verkehrten sind. Gleichzeitig bleiben sie nüchternen Auges durchaus auf ihren persönlichen Vorteil – und das hieß kurz vor dem so genannten Endsieg: aufs Davonkommen – bedacht. Das Liebenswerte an diesem Verhaltensmix ist, mit welcher treuherzigen Offenheit sie beides nebeneinander betreiben.

# Der politische Witz

In Zeiten, in denen seinen Hals riskiert, wer es wagt, die Wahrheit auszusprechen, kann man sich auch mit Witzen, die ja stets ein Körnchen Wahrheit enthalten, leicht um Kopf und Kragen reden. Die vermeintlich gelungenere Pointe und die insgeheim größere Resonanz resultieren schon allein aus der Gefahr, die mit jedem Gelächter verbunden ist.

Das Bonmot, das wir heutzutage gefahrlos belachen, weil es wieder, wenn nicht auf die allgemeine, so jedenfalls auf die wirtschaftliche Lage passt, war damals gar nicht so zum Lachen. So manches, was uns heute Political Correctness offen auszusprechen verbietet, war im Tausendjährigen Reich wirklich bei Strafe verboten. Es gab damals viele, die ganz genau wussten, wovon sie ihrer eigenen Sicherheit zuliebe nichts wissen mussten. Kaum aber waren die tausend Jahre um, wollten sie davon auch nichts mehr wissen.

Dass einige einiges gewusst haben müssen, beweisen die früheren Flüsterwitze. Warum wäre sonst geflüstert worden? Der berühmte Kabarettist Werner Finck konnte auf seiner Berliner Kleinkunstbühne „Katakombe" noch eine ganze Weile weiter politische Witze machen, als andere schon längst mundtot waren, weil er kunstvoll um alle Fettnäpfe herumzustottern wusste und seine Pointen dadurch erzielte, dass er an der entscheidenden Stelle nicht zu Ende sprach.

*„Machen Sie mal den Mund auf!" sagte der Zahnarzt.*
*Darauf Werner Finck: „Warum gerade ich?"*

Da wackelten die Wände, anfänglich sogar noch vor Lachen. Aus der wachsenden Bombenstimmung heraus hat sich auch ein Gerücht zum Glauben verfestigt: Je schlechter die Zeiten, desto besser die Witze! Die Behauptung ist uralt, jedenfalls älter als all die geflüsterten Boshaftigkeiten gegen die Nazigrößen, die oft demselben Schema folgen: Hitler, Himmler und Göring sitzen im Flugzeug, besuchen eine Kleinstadt, fahren mit dem Auto und so weiter und so fort. Hier eine ländliche Variante.

*Vor einem Dorfeingang im Kölner Hinterland ist ein Schwein totgefahren worden. Auch der Wagen, in dessen Fond kein Geringerer als Hermann Göring saß, ist beschädigt. Der Generalfeldmarschall blieb unversehrt, schickt aber gleich den Fahrer los, um den Schaden im Ort zu melden. Der kommt bald völlig außer Atem, aber unverrichteter Dinge zurück.*
*„Nun?" schnauzt Göring. „Was haben Sie erreicht?"*
*„Melde gehorsam, nichts. Das ganze Dorf scheint total aus dem Häuschen. Alles tanzt und lacht und singt."*
*„Lacht und singt? Was haben Sie den Leuten denn um Himmelswillen gesagt?*
*„Melde gehorsam, nur einen Satz."*

*„Nun sagen Sie schon, Mann, welchen Satz?"*
*„Ich bin der Fahrer von Hermann Göring, melde gehorsam,*
*die Sau ist tot!"*

Schlechte Zeiten, gute Witze? Mir erscheint das als reine Zweck-
behauptung. Sie ist zwar falsch, aber unausrottbar wie all die
miserablen Witze, deren es leider zu allen Zeiten, also auch in
den allerschlechtesten, immer genug gegeben hat.
Der Zweck der Behauptung wird trotzdem erfüllt. Wir mögen
uns, wenn die Witze schon nichts taugen, damit trösten, wie
gut es uns sonst doch geht. Oder, wenn es uns dreckig geht,
mögen wir uns wenigstens über die Witze freuen! Einer der wit-
zigsten Sprüche zu diesem Sachverhalt wird Billy Wilder zuge-
schrieben.

### Die Lage ist hoffnungslos, aber nicht ernst!

Wilder wusste bekanntlich, wovon er sprach. Doch so viel Witz
trifft man selten in so prekärer Lage. Auch erfolgreichen Witzbolden fehlt oft der Witz, den Gewitztere wiederum bei deren
Witzen vermissen. Das zeigt aber nur, dass Witze und Witz
nicht dasselbe sind.
Die Witz-Erzähler setzen meist weniger auf den IQ als auf etwas
nicht genau Messbares, den Humor. Sie zielen nicht in erster
Linie gegen jemand, sondern auf etwas: das Zwerchfell. Der
Witz kann noch so dreckig und gemein sein. Nie ist einer persönlich gemeint. Jedenfalls keiner der Anwesenden.
Wenden wir uns also lieber wieder der Lage in den Nachkriegsjahren zu. Der Schwarze Markt brachte wahre Genies hervor,
die dem Schmuggel zu nie geahnter Blüte verhalfen.

*Der Tünnes erscheint an der Zollschranke mit einem*
*Schubkarren voll Sand. „Was haben Sie in dem*
*Schubkarren?" fragt der Beamte.*
*„Sand!"*
*„Nur Sand?"*
*„Jo dat. Wenn ich et doch sage!"*
*Der Tünnes darf passieren. Am nächsten Tag erscheint er*
*mit einer neuen Fuhre Sand. „Wieder nur Sand?" fragt der*
*Beamte misstrauisch.*
*„Sand. Sagen ich doch!!"*
*Wieder passiert der Tünnes. Als er zum dritten Mal an-*
*kommt, wird er herausgewunken, und der Schubkarren wird*
*gründlich untersucht. Er enthält wirklich nichts als Sand.*
*So geht das lange. Aber dann lässt sich der Tünnes an der*
*Zollstation nicht mehr sehen. Und auch der Beamte geht in*
*Pension. Nach Jahren trifft man sich an einer kölschen*
*Theke wieder. „Jetz kannste et mer doch verrode!" möchte*
*der Zöllner da zu gern wissen. „Irjendjet musst du domols*
*doch jeschmuggelt han – ävver wat?"*
*„Jedes Mol e neu Schubbkar!"*

In Notzeiten herrschen andere Gesetze. Wer vor dem Krieg
schlicht als Dieb gegolten hätte, der kann sich jetzt als Organi-
sationsgenie frei entfalten. Wer während des Kriegs auf Plakaten
noch als Kohlenklau angeprangert worden war, dem wird jetzt
von allerhöchster geistlicher Stelle Dispens erteilt. Nach dem
Kölner Erzbischof Josef Kardinal Frings wird die ehrenwerte
Beschaffungskriminalität zum Dank „fringsen" genannt. Die
unglaublichsten Erfolgsgeschichten machen anschließend „en
famille" und am Stammtisch die Runde.

*Tünnes und Schäl haben in der Eifel eine Quelle für*
*Essbares entdeckt. Schäl hat sogar einen fahrbaren Untersatz*
*organisiert. „Du fährst", sagt er zum Tünnes, „do häs en*
*ihrlich Jeseech!" Der gerät prompt in eine Kontrolle. „Was*
*haben Sie geladen?" wird er gefragt.*
*Der Tünnes, ehrlich erschrocken, glaubt alles verloren und*
*beichtet: „Alsu jot, zweihundert Eier, en Dotzend Höhner*
*un ene halve Sau!"*
*Das ist zuviel für den Beamten. „Hören Sie auf, mich zu*
*verarschen!" Er grinst und lässt die Fuhre passieren.*

Was die große Politik anging, hielt man sich nach tausend Jahren
Größenwahn lieber bedeckt. Ab 1949 wurde für politischen
Mutterwitz der erste Kanzler der neuen westdeutschen Republik,
der frühere Kölner Oberbürgermeister Konrad Adenauer zu-
ständig. Mit seinem Ausspruch „Was kümmert mich mein Geschwätz von gestern?" wies er frischgebackenen Demokraten
nicht nur den Rettungsweg bei sämtlichen Entnazifizierungs-
und sonstigen Verfahren. Er überwand auch souverän jede mögliche Kluft zwischen den Ansprüchen von gestern und der Wirklichkeit von morgen.
Wie die Filmgesellschaften übten auch die Karnevalsgesellschaf-
ten in den Fünfzigern eine Art freiwillige Selbstkontrolle aus.
Der Kölner Fastelovend wurde zur politikfreien Zone erklärt
und der politische Witz nach Düsseldorf oder gleich nach Mainz
in die rechten Narrenhände verbannt. Nur ein vorwitziger Redner wie der schon erwähnte Karl Küpper hatte sich zuvor noch
regelmäßig mit den britischen Besatzern angelegt und war deswegen immer wieder einmal direkt aus der Bütt in den Knast
gewandert. Nur ein Kalauer machte gelegentlich deutlich, wie

vorsichtig man mit der ungewohnten Rolle als freier Wähler noch umging.

*Der Tünnes fragt den Schäl: „Saach, wie wähls do dann eijentlich?"*
*Darauf der Schäl: „No mingem Jewesse!"*

Plappert er damit nur naiv die neuerdings übliche Floskel nach? Dafür ist er als zu gewieft bekannt. Oder meint er es gar ironisch? Dafür ist er wieder nicht geistreich genug. Auf jeden Fall weicht er so der Frage nach seinem Wählerverhalten geschickt aus.
Eine der langlebigsten Rollen im Sitzungskarneval verkörperte ein Vortragskünstler namens Toni Geller. Er traf als „Redner der Blauen Partei" jahrzehntelang den richtigen Ton, wenn er seine Wähler im Saal äußerst blumenreich so ansprach:

*Sehr verehrte Champagnerschlürfer,*
*hochgeschätzte Kalte-Enten-Jäger,*
*meine lieben Piccolo-Jongleure,*
*werte Weinkorkenzieher,*
*geneigte Leergut-Fetischisten,*
*Flaschenpfandhausbesucher,*
*teure Getränkesteuer-Geschädigte!*

Oder so ähnlich. Dass selbst die Anreden zwar oft hochprozentig, aber immer hundertprozentig unpolitisch klangen, das war das eigentlich Politische an diesen Reden.
Der Kölner Karnevalswitz gab sich zudem betont kleinbürgerlich, und das passte sowohl zu den neuen Nierentischen als auch zum geistigen Mobiliar der frühen Nachkriegsjahre. Denn

auch der Kölner selbst richtete sich in seinem humoristischen Zuhause gemütlich ein. Was an Politischem heiter beschwiegen wurde, übertraf „Dr. Murkes gesammeltes Schweigen" bei weitem. Vielen frisch gebackenen Demokraten waren die neuen Größen suspekt, wie es früher vielen Volksgenossen der Gröfaz gewesen war. Vor allem aber blieben ihnen da unten die da oben weiter ein Rätsel.

*„Tünn, wat meins do, wie of trick sich ne feine Mann e neu Hemb an?"*
*„Jeden Dach, Schäl."*
*„Un ene janz feine Mann, sage mer, unse Oberbürjermeister?"*
*„Jeden Morje, Meddach un Ovend!"*
*„Un der Bundeskanzler?"*
*„Bei dem jeiht dat der janzen Dach, Hemb an, Hemb us, Hemb an, Hemb us ... "*

Adenauer, hieß es, war ein Fuchs. Füchse, wusste man, haben vier Beine. Also hatte Adenauer vier Beine. Die selbst verordnete Politikabstinenz nahm erst ab, als auf dieses Wundertier der Wirtschaftswunderprofessor Ludwig Erhard und auf den ersten Schwung des Wiederaufbaus die erste Wirtschaftskrise der Republik gefolgt war. Danach fingen die vom Kanzler so genannten Pinscher an, dem Dicken ans Kanzlerbein zu pinkeln.
Die 1968er-Jahre haben auch in Köln einiges bewegt. Die Lachmuskeln waren dabei aber am allerwenigsten betroffen, wenn man von gelegentlichen Clownerien à la Rainer Langhans oder Fritz Teufel absieht – und von der unfreiwilligen Komik des potenzgestörten Kommunarden Kunzelmann. Man darf ihren

Theoretikern im Gegenteil einen gewissen Bierernst nicht absprechen, der mit dem praktischen Politikverständnis der Kölner nur sehr schwer in Einklang zu bringen war.

*In dem von Alkohol und Rauch geschwängerten Künstlerlokal „Kleine Glocke" reißt ein linker Student der dort versammelten bürgerlichen Gesellschaft die Maske der Kunstfreunde vom Gesicht, hält ihr den systemkritischen Spiegel vor, malt die Revolution an die Wand. Schließlich wird es der Jenny hinter der Theke zuviel, und sie unterbricht die Suada mit den Worten: „Jung, do bes he falsch. Ich jläuv, do kanns dich selvs nit ligge!"*

Der Kölner, muss man wissen, hat sich selbst am liebsten. Und so funktioniert auch das Verhältnis untereinander. Wer dieses eingespielte Verhältnis stört, gilt als humorloser Spielverderber. Wer sich über die Verhältnisse empört, gilt als weltfremder Verrückter. Wer sich dagegen in sie schickt, berechtigt zu den größten Hoffnungen und kann für sich auf einiges hoffen. Konrad Adenauer hat auch dafür treffsicher das passende Wort geprägt:

*Man kennt sich, man hilft sich.*

Sie sagen mit Recht, das sei kein Witz. Gemessen an seiner Bedeutung für das politische Leben wäre der kölsche Klüngel sonst ein dickes eigenes Kapitel wert. Denn der Klüngel kann alles Mögliche sein. Selbst wer Köln zu kennen meint, weiß oft nur vage, was damit gemeint ist, und lacht womöglich mit den verkehrten Leuten an der falschen Stelle.

Sieht man den Klüngel positiv, dient er zur Klärung von Mensch zu Mensch bis hin zur Einflussnahme durch Geld oder gute Worte in Angelegenheiten von großer allgemeiner Wichtigkeit. Oder, wie es Adam Wrede in seinem „Wörterbuch der kölschen Sprache" formuliert, zur „Regelung persönlicher oder politischer Angelegenheiten unter der Hand". Meint man es mit den Klünglern weniger gut, so dient der Klüngel in vielen Fällen dem jeweiligen politischen oder persönlichen Zweck durch unheilige, wenn nicht sogar ungesetzliche Mittel.

Von außen ist der Klüngel, nicht zuletzt deshalb, schwer zu durchschauen. Noch schwerer ist es, als imitierter Kölner in den Klüngel hinein zu kommen. Ich als Imi habe mir aber darauf, einmal ganz unter uns, meinen Reim gemacht:

*Der ganze Klüngel*
*kann einem*
*gestohlen bleiben,*
*wenn man*
*die richtigen*
*Leute kennt.*

Sie sehen, ein Reim ist daraus nicht geworden. Man kann über den Klüngel sowieso Witze reißen, solange man will. Sie verändern nichts. Der Witzbold riskiert aber auch nicht mehr so viel wie in früheren Zeiten. Schlimmstenfalls bleibt sein Witz unbelacht. Er bringt ihn nicht mehr um Kopf und Kragen. Allerschlimmstenfalls bekommt er kein Bein auf die Erde.

Was für den lustigen Spaßmacher gilt, gilt auch für den ernsten Journalisten. Und während seine Attacken sich im Korruptionssumpf verlaufen, kann er sich mit jenem zusammen volllaufen lassen. Passend zu diesem Berufsbild muss irgendwann der folgende Witz entstanden sein – übrigens der kürzeste, den ich kenne.

*Ein Journalist geht an einer Kneipe vorbei.*

Ich bin mir sicher, dass da ursprünglich nur einer war. Dennoch erscheint es mir nur konsequent, dass sich, ebenso wie zum Tünnes der Schäl, sehr bald ein gewitzter Kollege zu ihm gesellte. Das geht nun zwar manchmal zu Lasten der Kürze. Dafür dient es jedoch der in Köln hoch geschätzten Fähigkeit zum Dialog.

# Der närrische Witz

Wenn der Kölner, was er nur selten tut, über den Büttenrand hinausschaut, erblickt er Köln wie in einem Spiegel. Es ist kein wirklich ernst zu nehmendes Spiegelbild, das ihm da entgegenblickt. Nicht selten schaut ihn ein Clown daraus an. Wenn er nüchtern, wozu er sich selten versteht, die Gründe für dieses eher unernste Konterfei prüft, wird er zu der Erkenntnis kommen, dass es in Köln an einigem fehlt, aber an Narren nicht. Vom Oberbürgermeister bis zum letzten Ratsmitglied, von den Repräsentanten der Verbände und Gewerkschaften bis zu den Vertretern von Vereinen und Gesellschaften wurde schon jeder der Narrheit bezichtigt, und nicht wenige wurden auch der schweren Narretei überführt. Das Närrische daran ist, dass das den Narren nicht einmal etwas ausmacht, geschweige, dass es ihnen schadet.

Die Erklärung liegt in der Pluralität, im Multikulti, im Narrifari dieser Stadt. Hier kann keiner, der sich zum Narren macht, klar einer Narrenzunft zugeordnet werden. Ständig findet, wenn kein Hütchen-, so doch ein Narrenkappenspiel statt. Unter drei verschiedenen Kappen aber verbergen sich dreierlei ganz verschiedene und auch klar unterscheidbare närrische Typen.

Am harmlosesten sind noch die wirklich Verrückten, jedenfalls solange man sie gewähren lässt. Zwischen zwei närrischen Schüben verhalten sie sich oft sogar übertrieben normal. Dass dieses Verhalten trügerisch ist, ergibt im Zweifelsfall die Pointe.

*Der Tünnes war ein geschlagenes Jahr in einer geschlossenen psychiatrischen Anstalt, weil er dachte, er wäre eine Maus, und panische Angst vor Katzen hatte. Kaum ist er als geheilt entlassen, erklärt er dem Schäl: „Ich jonn wieder eren!"*
*Der versucht ihm das auszureden: „Do weiß et doch jetz: du bes kein Muus!"*
*„Jot", sagt der Tünnes und wiegt nachdenklich den Kopf: „Ich weiß et jetzt. Ävver ob et de Katz' ald weiß?"*

Das Verrückteste an diesem Witz ist, dass er so verrückt gar nicht ist. Katzen fressen bekanntlich Mäuse. Ein Mann bildet sich ein, eine Maus zu sein. Also hat er Angst vor der Katze. Die Katze, vor der er als Maus solche Angst hat, braucht er sich nicht einzubilden, denn sie ist tatsächlich eine. Wäre die Katze nur eingebildet, hätte die Maus keine Angst vor ihr. Also lässt man dem Mann nach langer Beratung die Einbildung, eine Maus zu sein und bringt ihn dazu sich einzubilden, als Maus bilde er sich die Katze nur ein.

Die erste Maßregel in solchen Fällen lautet: Bloß nicht widersprechen. Das besorgen die Verrückten schon ausgiebig selbst. Der Widerspruchsgeist des gesunden Kölners wird gemeinhin dadurch gebrochen, dass man ihm eine Möglichkeit zum Klüngeln an die Hand gibt oder fürs erste einfach ein frisches Glas Kölsch. Beim Schäl muss da oft noch ein Schabau (ein klarer Schnaps) dazukommen. Denn aus dem anfänglichen widersprüchlichen Verhalten ist bei ihm längst eine chronische Verhaltensstörung geworden. Anderen und vor allem seinem Freund Tünnes widersprechen zu müssen ist geradezu seine fixe Idee. Aber auch bei seinem gutwilligeren Witzpartner zeigt sich andauernd dieser, nun, nennen wir ihn „Ävver-Spleen".

Zunächst einmal ist er zwar scheinbar mit allem und allen einverstanden, weil er gern zu den Wendigen zählt und sich rühmt, jeder Lage gerecht zu werden (was er für erwiesen hält). „Ävver" dann hat er doch etwas einzuwenden. Anfangs ist er scheinbar bei allem genauso dafür wie die anderen. „Ävver" dann fällt ihm ein, dagegen zu sein. Er ist der ewige kleine Junge, der sich ungern mit den „Großen" auseinandersetzt und es dennoch versteht, seinen Kopf durchzusetzen. Er ist das ewige Sonntagskind, das notgedrungen den Alltag bewältigt und sich dennoch den Traum vom immerwährenden Sonntag bewahrt. Er tut immerzu ganz vernünftig und ist eben doch immer auch ziemlich verrückt.

*Der Schäl hatte irgendwann angefangen, am helllichten Tag auf den Neumarkt zu pinkeln. Das war ihm, wie er dem Tünnes erzählt, selber schon dermaßen peinlich geworden, dass er deswegen ein ganzes Vierteljahr in psychischer Behandlung war.*
*„Un?" fragt der Tünnes. „Es jetz Schluss met dem Pinkele?"*
*„Enä. Ävver jetz mät et mer nix mih us."*

Trotz aller gelösten Heiterkeit, die aus einem solchen Behandlungsergebnis spricht, ruft sie doch gewisse Vorbehalte gegen einen Berufsstand wach, der einem hämischen Spruch zufolge die Probleme erst schafft, die er angeblich löst. Die Selbsteinschätzung seiner Mitglieder liegt, so ein stiller Verdacht, vielfach weit unter der ihrer schwierigsten Fälle. Fast verwunderlich, dass nicht mehr von ihnen aus Selbstzweifeln und tiefster Schwermut heraus lieber heute als morgen wie Robert Schumann in den Rhein oder wie Schäl in Behandlung gehen.

*Zwei Psychiater aus Köln begegnen sich. Sagt der eine zum andern: „Ihnen jeht et jut, Herr Kolleje. Un wie jeht et mir?"*

Mit Witzen ist da nichts auszurichten. Doch immerhin richten sie schlaglichtartig das Augenmerk auf dieses Berufsproblem. Minderwertigkeitskomplexe können aber ganz allgemein auch verblüffend simple Ursachen haben, wie zu wenig Busen oder zu viele Pickel.
Was die Therapie nicht einfacher macht.

*Kommt ein Mann zum Arzt und klagt: „Ich werde ständig übergangen."*
*Sagt der Arzt: „Der Nächste, bitte!"*

Sie lachen. Aber wissen Sie, wie das ist? Es ist schlimmer, als Witze zu erzählen, über die keiner lacht! Psychologen wissen, wie wichtig es ist, solchen Patienten ihre Versagensängste zu nehmen und ihr Selbstwertgefühl zu stärken. Doch jede Therapie birgt Gefahren. Manche kleinen Würstchen, die vorher dreimal herein kommen mussten, damit die anderen sie sahen, erscheinen plötzlich wie aufgeblasen und platzen fast vor Größenwahn. Manche ohnmächtigen Befehlsempfänger, die früher vor jedem Männchen bauten, lassen auf einmal andere stramm stehen und ergehen sich in Allmachtsgefühlen. In besonders hartnäckigen Fällen verschlägt das sogar dem Fachmann die Sprache.

*Ein Mann geht in ärztliche Behandlung, weil er, wie er sagt, mit der ganzen Welt hadert.*
*„Wie fing das Ganze denn an?" fragt der Arzt.*
*„Am Anfang", sagt der Mann, „schuf ich Himmel und Erde … "*

Die Gesellschaft kennt viele harmlose Irre, die den krankhaften Ehrgeiz haben, aus allem, was sie in die Finger kriegen, etwas Neues zu erschaffen. Das kann in einer Heilanstalt, das kann aber auch beim Patentamt enden. Sie kennt weniger harmlose Idioten, die die zwanghafte Neigung haben, aus allem, was zwischen ihre Pranken gerät, ohne Umschweife Kleinholz zu machen. Sie kommen, bevor sie in der Anstalt enden, erst einmal in Haft.

*Ein hünenhafter Angeklagter steht wegen Totschlags vor Gericht. Er gilt als äußerst gewalttätig und war bis jetzt wenig kooperativ. Es gibt keinen, mit dem er überhaupt spricht. Da meldet sich von den Zuschauerbänken ein schmächtiger junger Mann: „Hohes Gericht, vielleicht könnte ich es einmal mit ihm versuchen … "*
*„Was sind Sie? Psychologe?"*
*„Angehender. Erstes Semester."*
*„Na schön", sagt der Richter, „schaden kann es nicht. Womöglich haben Sie Anfängerglück!"*
*Der junge Mann schwingt sich über die Absperrung, geht im Verhandlungssaal auf die Knie und krabbelt, ohne ein Wort*

*zu sagen, auf den Angeklagten zu. Der beobachtet ihn mit*
*verkniffenem Gesicht. Als er zu seinen Füßen anlangt, schaut*
*er ihm blank in die Augen und fragt: „Hattu ein putt*
*macht?"*
*Da huscht ein Lächeln über die Züge des Mannes. Und*
*dann macht er zum ersten Mal den Mund auf und sagt: „Ja,*
*swei Tück!"*

Alle bislang geschilderten Beispiele stammen aus dem psychiatrischen Bereich. Das Verhalten der Narren ist wenn, dann nur unfreiwillig komisch. Es treten die typischen Merkmale einer psychischen Erkrankung auf. Für Erfolg versprechende Therapien tragen deshalb die Kassen auch die Kosten.

Die politische Narretei findet dagegen in Einrichtungen statt, die man auf den ersten Blick als ganz anderen, sinnvollen Tätigkeiten verpflichtet betrachten würde – wenn da nicht die immer neuen Schildbürgerstreiche wären, von denen man meist zuerst gerüchteweise, dann durch die Presse und erst ganz zuletzt von den Narren selbst erfährt. Auch dann noch sind diese nicht imstande, sie als solche zu erkennen. Das Ävver-Schema der Kölner wiederholt sich bei kommunalen Meinungsbildungsprozessen. Zuerst gibt man sich aufgeschlossen gegenüber den Sachverständigen und deren Argumenten. „Ävver" dann wird aus dem Bauch oder dem Portemonnaie heraus entschieden, als hätte es jemanden mit Verstand in dieser Sache nie gegeben. Das macht die Behandlung solcher Fälle so besonders delikat.

Die hoffnungslosesten Fälle finden sich, wie könnte es anders sein, unter denjenigen Narren, die sich die Narretei zur Herzenssache gemacht haben, zu ihrem Hauptanliegen und vor allem zur Vereinsangelegenheit. Humor findet sich bei denen nicht.

*Tünnes und Schäl sind im selben Karnevalsverein. „Stell dir*
*dat ens vör", weiß der Schäl aus sicherer Quelle, „unser*
*neuer Präsident soll en singem bisherijen Levve nor eimol*
*jelaach han!"*
*„Wat du nit säs!" sagt der Tünnes erstaunt. „Wann soll dat*
*dann jewäse sin?"*
*„Wie singe Vörjänger em Amp jestorven es. "*

Unter den überlebenden Vereinsmitgliedern fehlt es nie an
Häme. Doch bei allen ernsten Zerwürfnissen, die es zwischen
Menschen geben kann, die von Berufs wegen oder aus Berufung
Frohsinn einerseits verwalten und andererseits verbreiten sollen,
bei allen abschreckenden Entgleisungen, die es nicht nur unter
närrischen Politikern, sondern auch unter unpolitischen Narren
geben kann, bei all den Trauerreden und Kränzen, die man für
ihn schon vorbereitet hat – der Kölner Witz ist nicht kaputt zu
kriegen. Totgesagte lachen länger.

*Der Schäl hat Neuigkeiten aus dem Verein: „Unse Präsident*
*moot jetz singen Hot nemme!"*
*„Wie kom dat dann? Der wor doch esu popolär!"*
*„Zo popolär! Hä hät sich met puddelnackijem Oberkörper*
*fotografieren loße. "*
*„Dat es doch och nit jrad esu schlimm!"*
*„Wor et doch! Et wor nit dem Präsident singen Oberkörper. "*

Es setzen sich immer einmal wieder neue Kräfte in der Bütt
und auf der Bühne durch, die mit neuen Vorträgen dafür sorgen,
dass es etwas zu lachen gibt. Bei allem Humor und Spott verlet-
zen sie dabei nie das dualistische Prinzip.

Geradezu Harmonie stiftend gibt sich Wicki Junggeburth, wenn er singend davon träumt, „Einmol Prinz zo sin in Kölle am Rhing". Es ist das große Traumziel des kleinen Mannes, für die meisten unerreichbar, doch von allen anerkannt. Dass der kleine Wicki es seinerzeit tatsächlich zum Prinzen gebracht hat, ist zwar eine zusätzliche historische Pointe, ändert aber nichts am philosophischen Prinzip.

„Himmel un Äd" heißt eine Kölner Leibspeise. Und was ein Kölner Diakon ist, der weiß als Büttenredner seinen närrischen Schäfchen den Himmel schmackhaft zu machen, ohne ihnen den Spaß auf Erden zu missgönnen. So bringt Willibert Pauels beides unter einen Hut, auch wenn der dann nicht unbedingt der Hut des Kölner Erzbischofs ist.

Ein anderer Karnevalist namens Marc Metzger stolpert als „ne Blötschkopp" über die närrische Bühne, als ob er sich verlaufen hätte. Doch verliert auch er das große Ganze während seines Galaauftritts nie ganz aus den Augen. Aber er verzettelt sich, er erschöpft sich in Kleinigkeiten, die er quasi zur Entschuldigung allesamt hintereinander nochmals auflistet. Das bringt ihn um den Rest seiner Redezeit. So jung er ist, hat er zumindest scheinbar Grund zu der verbreiteten Alzheimer-Klage:

*„Ich verjesse enzweschen alles. Ävver ich weiß et noch."*

Immer gilt es, hohe weltliche und geistliche Ziele nicht einfach aufzugeben, wie man einen zu aufwendigen Reiseplan oder eine zu anstrengende Rechenaufgabe aufgibt, sondern sie mit den beschränkten finanziellen und intellektuellen Mitteln in Einklang zu bringen, die man zur Verfügung hat. Dabei muss es sich nicht immer um die ganz großen Belange drehen. Oft sind es

auch ganz einfache, aber elementare Fragen des Zusammenlebens, um die es geht.

Das belegt ein Witz, der weder aus dem närrischen Köln stammen muss noch in dieses närrische Kapitel gehört. Immerhin
aber geht es auch hier um die kölsche Dualität, in diesem Fall
im privatesten Bereich, in der Ehe.

*„Sach ens", fragt der Tünnes den Schäl, „wer hät bei üch
eijentlich mih zo sage – do oder ding Frau?"
„Dat es janz einfach", erwidert der hoheitsvoll, „Wann et
öm kleinen Krom jeit, loße ich ming Frau bestemme. Ävver
en jroße Dingen bestemmen ich."
„Un dat klapp?" will der Tünnes wissen.
„Woröm dann nit? Beslang es noch nix Jroßes
förjekumme!"*

Ebenso leicht lässt sich die Philosophie dieses Witzes vom Pri-
vaten auch wieder auf das Ganze übertragen. Im Kleinen kommt
man in Köln mit allem bestens zurecht. Aber sobald man nach
Höherem strebt, wird die damit verbundene Aufgabe rasch eine
Nummer zu groß. Darum stand der Kölner Dom Jahrhunderte
lang unvollendet herum. Darum ging die Bewerbung als Euro-
päische Kulturhauptstadt 2010 daneben. Darum stürzten beim
U-Bahn-Bau ganze Häuser ein. Ein Grund mehr für die Kölner,
die Fehler im Kleinen zu suchen. Kein Grund für sie, nicht
weiter wie närrisch an ihrem Dom, an ihrer Stadt und an ihrer
so genannten U-Bahn festzuhalten.
Darum ist der kölnische Dualismus im Karneval so gut aufge-
hoben. Und darum ist den Kölnern die Liebe zum Karneval
nicht auszutreiben. Die Franzosen haben es versucht. Die Preu-

ßen haben es versucht. Nordlichter und Ossis, Pietisten und Moralisten, alle haben es versucht.

Es hat sich dadurch nichts geändert: Die Kölner lieben ihren Karneval. Sie lieben das tolle Treiben der Weiber am Donnerstag und das gespenstische Treiben der Geister am Samstag, sie bejubeln die Schull- und Veedelszöch am Sonntag und die drei Tollitäten am Rosenmontag. Und wenn am Dienstag nach den Umzügen in den Vororten der Nubbel verbrannt wird und am Aschermittwoch alles vorbei ist, freuen sie sich schon wieder auf die nächste Session und auf die nächsten tollen Tage.

Darum üben sie, denen sonst jeder Schritt zu viel ist, schon im Sommer Tanzschritte ein. Darum nähen sie Flickenkostüme zusammen oder machen sich Gedanken darüber, als was sie stattdessen einmal gehen könnten. Und darum stehen sie auch zu ihren alten Liedern, Krätzchen und Witzen.

*„Sach, Tünnes, als wat jeis do dann an Fastelovend?“*
*„Ich?“ sagt der Tünnes. „Als Steuerzahler!“*
*„Aha?“ wundert sich der Schäl. „Un wie darf mer sich ding Kostüm dobei vörstelle?“*
*„Wat för e Kostüm?“*

Zugegeben, es gibt eine immer größere Zahl von Kölnern, die die närrischen Tage zu anderem nützen und der Stadt und ihrem geballten Witzangebot sogar schnöde den Rücken kehren. Doch dann sitzen sie in einem Berggasthof oder auf einer Skihütte mit anderen Kölnflüchtlingen beim Glühwein vor der Glotze. Und spätestens bei der Übertragung der Rosenmontagssitzung aus dem Gürzenich kriegen sie plötzlich feuchte Augen. Oder sie erzählen einander alte Tünnes-und-Schäl-Witze und lachen Tränen.

*Der Tünnes kommt nach Einbruch der Dunkelheit allein ins
Berghotel zurück.*

*„Wo es dann ding Frau jeblevve?" will der Schäl wissen.*

*„Die es bovve jeblevve!"*

*„Ding Frau, nachs, allein?"*

*„Nit allein. Met enem dreifachen Echo."*

*„Wat mät se dann allein do bovven met enem dreifachen
Echo?"*

*„Do kenns se doch – se well unbedingt et letzte Woot han. "*

Es folgen die schon oft gesungenen und sattsam bekannten Absichtserklärungen, wonach sie „zo Fooß no Kölle jonn" und dort der „Oma ihr klein Häusche versaufen", zugleich aber „dä Dom en Kölle" lassen und „met der Stroßebahn no Hus" fahren wollen. Und dann bekommen alle diesen ganz eigenen, entschlossenen Gesichtsausdruck, der selbst dem begriffsstutzigsten Nichtkölner klarmacht: Diese Narren lassen in puncto Köln nicht mit sich scherzen.

Da wird mit dem Spaß Ernst gemacht. Und mit den ernstesten Dingen wird Spaß getrieben. Die Obrigkeit dankt ab zugunsten dreier Tollitäten. Die Ordnungskräfte strecken die Waffen vor den Roten und den Blauen und allen sonstigen Funken. Die großen Parteien verlieren Zulauf zu Gunsten der einst von dem Büttenredner Toni Geller begründeten Blauen Partei.

Der Kölner Karneval hat längst aufgehört, ein Familienfest nur unter Kölnern zu sein, wenn er das jemals gewesen ist. Die Narren haben gelernt, ihre Lebensphilosophie zu vermarkten und nach außen hin zu vertreten – auch auf die Gefahr hin, dass sie nicht überall verstanden wird. Clevere Witzbolde stehen lieber auf der Bühne als in der Bütt und noch lieber vor der Fernsehkamera. Am allerliebsten reüssieren sie gleich als TV-Entertainer oder Comedians. Meinen eigenen TV-Auftritt als Brauchtumskritiker habe ich mir dagegen einmal verscherzt, weil ich selbst als Imi dem ursprünglichen Kneipen- und Straßenkarneval nicht abschwören mochte. Für einen echten Kölner Narren mit Narrenkappe im eingetragenen Narrenverein hat es bei mir mit dem kölschen Dualismus dann aber auch nie gereicht.

Heute wäre das vielleicht anders. Was sich ein Jürgen Becker früher nur in der alternativen Stunksitzung herausnahm, das kann sich Marc Metzger eine Generation später im festlichen Gürzenich erlauben: Er tanzt dem Elferrat auf der Pappnase herum und zieht ihm die Narrenkappen lang, ohne die Jecken im Saal mit seinen Späßen zu verschonen.

Und auch Willibert Pauels schafft den Spagat zwischen denen da unten und dem da oben. Das Eichhörnchen, das früher nur in katholischen Grundschulen herumsprang, schmuggelt er als Bergischer Jung gewitzt in alle Sitzungssäle. Der kölnische Dualismus ist Trumpf.

Dabei stammen die Witze längst nicht mehr aus dem kölschen Milieu allein und werden inzwischen überall verstanden, belacht und weitererzählt, wie auch die Kölner Karnevalisten ihre Witze von überall her haben. Karneval ist eine legale Droge geworden, mit der sich alle, die das nötige Moos mitbringen, mitten in Köln drei Tage lang davonmachen können. Das klappt umso sicherer, als aus den drei tollen Tagen, wenn man alles, was da läuft und säuft, zusammenzählt, inzwischen vom Krawattenabschneiden am Donnerstag bis zum Fischessen am Mittwoch danach längst eine volle Woche geworden ist. Zu Nebenwirkungen und Risiken fragen Sie Krankenhäuser und Polizeiberichte.

Auf die Launenhaftigkeit der Kölner Narren konnte man sich seit jeher verlassen, aber auf ihre jeweilige Witz- und Karnevalslaune nicht. Darin glichen sie von Anbeginn ihrem späteren Geißbock-Verein, in der heutigen Fußballzeit ein Synonym für Wechselhaftigkeit. Mal sagten sie „hü" und dann wieder „hott". Mal war alles „hui" und dann wieder „pfui". Über Sinn und Unsinn von Witzen lässt sich sowieso streiten. Über die gebotene Kürze sind wir, das heißt die Kölner und ich, uns wohl einig. Je kürzer ein Wortwitz ist, desto besser. Gewünscht ist, wie in Köln bei fast allem, der größte mögliche Effekt bei möglichst geringem Aufwand. Schon deshalb verbietet sich für sie auch jedes überflüssige Palaver. Oder jedenfalls fast.

*„Süch, Schäl, do sin die zwei ald widder!"*
*„Wat för zwei?"*
*„Die anjebliche Journaliste. Ich sag et dir, dat sin üvverhaup kein Journaliste, für mich es dat ne janz blöde Ranning Jeck!"*
*„Selver Jeck! Wat soll dat dann bedüggen, Ranning Jeck?"*
*„Weiß ich och nit, ävver die zwei, die sin eine!"*

# Der philosophische Witz

Aller guten Dinge sind drei, auch für die Kölner. Immer gewesen.
Mit drei kleinen Souvenirs aus Mailand hat ihnen ihr Erzbischof
Rainald von Dassel schon im Mittelalter zu vollen Kassen ver-
holfen. Die drei tollen Tage an Karneval helfen ihnen alljährlich,
das Geld wieder unter die Leute zu bringen. Und so sagen sie
nicht nur das eine Mal ganz pragmatisch: „Et es, wie et es!"
oder das nächste Mal ganz fatalistisch: „Et kütt, wie et kütt!".
Sie machen sich auch mit einem dritten guten Spruch ganz zu-
versichtlich für alle weiteren Lebenslagen Mut: „Et hät noch
immer jot jejange!".
Die drei Sprüche waren zu allen Zeiten ein zweckmäßiges und
in Köln also doppelt geheiligtes Mittel, um mit Vergangenem
gnädig umzugehen, die Gegenwart bequem zu überstehen und
mit Selbstvertrauen in die Zukunft zu blicken. In meinen ersten
Kölner Jahren gab es als geistige Orientierungshilfe zudem die
legendären „Mittwochsgespräche", freier Eintritt, freie Rede, im
alten Wartesaal des Hauptbahnhofs.
Meine geistigen Ansprüche waren seit meiner Ankunft in Köln
leicht gestiegen. Ich ging nicht mehr ins „Rex am Ring" wie an
meinem ersten Tag in Köln, als für Romy Schneider der erste

weiße Flieder ihrer Karriere blühte, sondern pilgerte ins „Lux am Dom" auf der Hohe Straße, wo der Kinobesitzer als „Julius" die Besucher vor Filmbeginn durch den Lautsprecher begrüßte und in der Nachtvorstellung sogar Filme ansagte, die so gut waren, dass sie es bis dahin nicht in den kommerziellen Verleih geschafft hatten. Ich begnügte mich auch nicht mehr mit Starautogrammen deutscher Filmschauspieler auf Postkartenfotos und mit Western in amerikanischen Taschenbuchausgaben, sondern pilgerte nun erwartungsvoll dorthin, wo ernsthafte Autoren ernsthaft mit sich reden ließen und anschließend ernsthafte Bücher signierten.

Einmal hatte Bahnhofsbuchhändler Gerhard Ludwig den Bonner Professor Heinrich Lützeler eingeladen, von dem bereits die Rede war. Und der entwickelte aus Sprüchen und Witzen allen Ernstes eine Philosophie des Kölner Humors (das Buch gleichen Titels, 1954 erschienen, ist inzwischen ein Klassiker).

Direkt nach dem Krieg war das Angebot an Witzbüchern noch nicht so reichhaltig wie heute. Aber Witze gab es in Köln genug. Und oft genug ergaben sich die Pointen aus persönlichem Erleben, etwa in der Straßenbahn.

*Im eiskalten unwirtlichen Nachkriegsköln, zwischen lauter Trümmern, widerfährt dem Professor Lützeler das Glück, dass tatsächlich eine Elektrische – wie das damals hieß – kommt, wenn auch ohne Zugzielschild. Der geht nervös und mutig darauf zu und fragt den Schaffner, den es damals noch gab: „Wie komme ich zum Reichensperger Platz?" Der Schaffner misst ihn von oben bis unten. Wahrscheinlich misst er seine Intelligenz ab. Die Prüfung muss negativ ausgefallen sein, denn er sagt sehr bestimmt: „Am beste met der Bahn!"*

*Der Professor noch nervöser: „Kann ich denn mit Ihnen*
*fahren?"*
*Mit stoischer Ruhe antwortet der Schaffner: „Dat es mer*
*ejal. Ehr künt och op de nökste wade!"*

Solche Witze aber hatten nach der These des Bonner Professors
mit banalem Witz nichts zu tun. Sie waren allenfalls ein Weg,
um die Lasten und Sorgen abzuladen, die das tägliche Leben so
mit sich brachte, ein Ventil, um den Druck zu verringern, unter
dem der Kölner im Alltag litt. Der Kölner, so Lützeler, hat gar
keinen Witz. Der Kölner hat vielmehr Humor.

Und darum macht es einen gewaltigen Unterschied, ob und
worüber ein Kölner oder beispielsweise ein Berliner lacht. Der
Witz erschließt sich dem kühlen Intellekt, er ist, diesen voraus-
gesetzt, allgemein nachvollziehbar und jederzeit übertragbar. Er
ist zu diesem Zweck, im Rahmen des Möglichen, auch meistens
hochsprachig und auf jeden Fall (groß)städtisch. Und die Pointe,
die mehr auf das Hirn als auf das Herz abzielt, ist häufig grausam,
aber immer gefühllos. Das ist nicht der wichtigste, aber auch
ein Grund, warum Berliner der Stadt Köln vielleicht noch die
Million Einwohner abnehmen, die Großstadt aber nicht.

Der Kölner Humor ist anders. Er kommt mundartlich daher,
heimatverbunden, provinziell. Er verkörpert Lebenskraft, Her-
zenswärme, Mitmenschlichkeit. Ein neuerer Liedtext sagt es
überdeutlich und die neueste städtische Werbung greift es dankbar auf und bringt es Image fördernd auch unter auswärtige
Jecken: „Kölle, do bes e Jeföhl."

Damals im Bahnhof referierte der rheinische Professor höchst-
persönlich fröhlich über diese stets heitere Lebenseinstellung
des Rheinländers gerade in ernster Lage. Da diese Prüfung so

eben bestanden, aber keineswegs bewältigt war, schlug auch der dazu gehörige Witz damals geradezu bombig ein.

*Während des Kriegs. Tünnes und Schäl fahren mit der Tram durch die Innenstadt, als plötzlich die Sirene aufheult. Fliegeralarm. Alles springt aus der Trambahn und rennt in Richtung Luftschutzbunker. Nur die beiden bleiben seelenruhig sitzen, während die Sirene weiter heult. Schließlich wendet der Tünnes sich seufzend dem Schäl zu und sagt: „Die machen dat he noch esu lang, bes dat se dat Dingen kapott han!"*

Was der Professor in dieser Geschichte als philosophische Haltung pries, ließ sich aus meiner Imi-Sicht freilich auch schlicht als rheinisches Phlegma deuten. In missgünstigeren Augen wäre es sicher die schiere Lahmarschigkeit gewesen. Was Lützeler als Ausdruck besonderer Gelassenheit ansah, ließ sich auf gut bayrisch auch einfach eine ausg'schamte Wurstigkeit nennen. Was er als menschlich anrührend empfand, war dazu angetan, einem Noch-Nicht-Kölner wie mir den letzten Nerv zu rauben.

Die Kölner waren an jenem Mittwoch im Wartesaal allerdings in der Überzahl. Sie schrieben meinen entsprechenden Einwurf jugendlicher Lust am Provozieren zu. Vielleicht ließen einige ihn sogar als halbwegs gelungene heitere Einlage gelten. Auf alle Fälle fühlten sie sich mit der Philosophie des Professors weitaus besser bedient.

Objektiv gesehen schwanken die Kölner wie alle Sterblichen zwischen Tugenden und Lastern, zwischen guten und schlechten Eigenschaften. Ihre schlechten bringt ein Satz auf den Punkt:

## *Der Kölner ist unzuverlässig, plumpvertraulich und singt.*

Nun werden Sie sagen, so einen Satz könne nie im Leben ein Kölner gesagt haben. Es war ein Kölner. Ich hätte ihn nach seinem nüchternen Witzverständnis allerdings eher in Berlin oder Hamburg vermutet als am Rhein. Nur seiner krankhaften Kritisierwut nach schien er mit dem Schäl eng verwandt zu sein. Kaltschnäuzig, herzlos und vor allem völlig ungerecht dem echten Kölner gegenüber!

Denn der mag zwar spät kommen, aber er kommt. Und seine übergroße Herzlichkeit entschuldigt zugleich sein Säumen. Sicher hat er sich vorher anderswo noch ebenso herzlich verabschiedet. Und so viel Zeit muss für einen echten Kölner schließlich noch sein.

Dass er gern mit der Tür ins Haus und jedem am liebsten gleich um den Hals fällt, muss in den Augen Ortsfremder dagegen nicht so sein. Aber dass er dann gleich das schöne Bläck-Fööss-Lied „Drink doch eine met" anstimmt – daran kann sich nur einer stören, der sich und ihm das Glas Kölsch nicht gönnt.

Aber gehen wir den drei Punkten einmal in aller Ruhe nach. Die meisten Rheinländer ragen an Körpergröße wenig über ihre Ebene hinaus. Wozu auch, da sie den Dom sowieso von überall her im Blickfeld haben. Stromaufwärts reicht ihnen die Aussicht bis zum Siebengebirge. Und stromabwärts in Richtung Düsseldorf gibt es ihrer Ansicht nach nichts zu sehen. Alles Übrige aber lassen sie auf sich zukommen.

„Et kütt, wie et kütt!" sagen nämlich die Kölner. Und machen aus allem so das Beste für sich. Sie nehmen Ereignisse nicht duldend hin, sie schaffen es geistig, sie so zu wollen, wie sie kommen. Sie selber kommen dagegen, wann sie wollen. Auf die Höflichkeit der Könige kann man bei ihnen ebenso lange warten wie auf sie selbst. Bei Partys, im Theater und Konzert, zu Besprechungen, auf Ausflugsfahrten – überall kommen sie mit schöner Zuverlässigkeit zu spät. Auch zu spät, um sich, ohne zu stören, noch ernsthaft entschuldigen zu können. Meistens sind sie die Letzten unter Gleichen.

Man merkt: Köln war niemals Residenz. Wenn die Kölner trotzdem ebenso zu spät kommen wie in Feudalzeiten der Landesherr oder wie später noch der Herr Fabrikbesitzer, vor deren Erscheinen keine Festlichkeit bei Hofe und kein städtisches Blaskonzert begann, dann tun sie das nicht, damit man sie wichtig nimmt. Sie sind sich selbst wichtig genug. Wenn sie erst da sind. Das lassen sie aber auch jeden pünktlich spüren, der zu ihnen kommt. In ihren Geschäften fühlt man sich als König Kunde von der Bedienung schon entmachtet, bevor sie überhaupt erscheint. Und als hungriger, wenn nicht dürstender Brauhausgast lernt man den Unterschied kennen zwischen dem Kellner und einem Lakai. Die Kunden haben den Umsätzen des so genannten Köbes zu dienen, nicht etwa der ihnen.

*In der kölschen Wirtschaft bringt der Köbes einen Kranz frisch gezapftes Bier. Aber ein ortsfremder Gast lehnt ab: „Ich hätte lieber einen Tee!"*
*Darauf raunzt ihn der Köbes an: „Mann, mer sin he en Brauhus un kein Sanatorium!"*

Trifft man die Kölner dagegen privat oder im Urlaub, fühlt man sich zuweilen rasch bedient. Denn als Gäste und als Touristen kehren sie stets die souveränen Kunden heraus, die sich gern bedienen lassen. Sie arbeiten schließlich, um zu leben – und nicht umgekehrt. Also versuchen sie so oft wie möglich, ob es nicht ohne geht.

Während meiner Lehrzeit als Grafiker lernte ich einen solchen Sohn der rheinischen Tiefebene kennen. Er arbeitete als Reinzeichner und war, wenn er erst einmal am Arbeitsplatz saß, ein wahres Muster an Präzision, sonst aber ein Ausbund an Unpünktlichkeit. Er war keine imponierende Erscheinung. Imponierend war allerdings die unerschöpfliche Auswahl an mehr oder weniger plausiblen Ausreden für sein spätes Erscheinen. Diese Ausflüchte begannen stets mit demselben Satz:

*„Ich wollt jo ald fröher jekumme sin – ävver!"*

Auch hier wird nicht das höhere Prinzip in Frage gestellt. Nach dem „ävver" werden nur die Ausführungsbestimmungen etwas gelockert. Wir kennen dieses „ävver" schon und werden ihm noch oft begegnen. Es stellt für solche Menschen im Spannungsfeld zwischen Anspruch und Verwirklichung eine Art inneren Freiraum dar oder zumindest einen Ausweg, sich die Gründe für ihre Versäumnisse nach Belieben so hinzubiegen, dass sie sich schon fast wieder einreden können, gemessen an allen sonst möglichen Verzögerungen eigentlich noch so gut wie pünktlich gewesen zu sein. Es bietet zugleich die Möglichkeit, sich gegenüber jedem herauszureden, der sie deshalb zur Rede stellen könnte. Vor allem aber bleiben sie so, wenn schon nicht mit ihren Verabredungen, mit ihrer Philosophie im Reinen.

*Tünnes und Schäl sitzen in der Kneipe, mit Blick auf die Straße.*

*„Süch, Tünnes", sät der Schäl, „do kütt nor dä eine vun*
*denne zwei Journaliste, die söns immer he vorbeijonn. Wat*
*meinste, ov der andere jet hät?"*
*„Irjend en Usredd weed hä janz jewess han."*

Meine eigenen rheinischen Verwandten hatten für entsprechende
Lebenslagen auch immer zwei Optionen parat. „Was kümmert
uns das Geschwätz andrer Leute!" hieß es mal mit selbstverlieb-
tem Stolz, mal voll Sehnsucht, von allen geliebt zu werden:
„Was sollen die Leute von uns denken!"
Auch Professor Lützeler scheint nicht ganz so frei von den Ketten
gewesen zu sein, wie er ihrer als Rheinländer nach seiner eigenen
Philosophie hätte spotten müssen. Er glaubte im Nachwort zu
seinem Aufsatz seine Hörer beruhigen zu sollen: Nein, es habe
sich nicht irgendjemand zur Karnevalszeit als Professor ausgegeben und eine Rede über den Kölner Humor gehalten. Sozu-
sagen aus Jux. Ja, er selbst als wirklicher Professor habe dies
getan. Ganz im Ernst. Und nicht nur der Rektor der Universität
sei bei der Premiere des Vortrags zugegen gewesen. Bei einer
Wiederholung vor Kölner Studenten hätten ihm auch zwei Dutzend Hochschullehrer gelauscht!
So seien nun einmal die Leute von der Universität, stellte Lützeler
nebenbei erleichtert fest. Es muss ihm mit dem Humor doch
sehr ernst gewesen sein, dem Humor-Professor.

# Der geistliche Witz

Das „hillije Kölle" hat seine attributive Namensergänzung nicht zufällig seit dem frühen Mittelalter behalten. Schon vor der ersten Jahrtausendwende nach Christus, für die andere den Untergang der Welt erwarteten oder jedenfalls vorhersagten, lieferte der Kölner Kirchenmann Erzbischof Anno als Bruder des deutschen Kaisers ein hervorragendes Beispiel dafür, was Klüngeln sein und was man damit für eine fromme Stadt wie Köln bewirken kann. Der Ruf der Stadt und des Klüngels verfestigte sich noch, als nach der Grundsteinlegung für den Kölner Dom dank gleich dreier heiliger Könige die Pilgergelder nur so flossen und die Kirchen dutzendweise in den Himmel schossen. Statt wie andere tatsächliche Heilige für ihren Glauben zu leiden und zu sterben, betrachteten ihn die Kölner fortan als das, was Heinrich Heine eine „praktische Religion" genannt hat. Das hieß allerdings nicht, dass sie auf ihr geistliches Oberhaupt immer gut zu sprechen waren oder augenblicklich gerade sind.

Angeblich haben sich die Kölner in der Schlacht bei Worringen ja überhaupt von der kurkölnischen Obrigkeit befreit. Oder, wenn sie ehrlich waren, von den Bergischen Bauern befreien lassen. Denn selbstverständlich drehte sich die damalige Fehde gar nicht um Säkularisierung, sondern um die jeweiligen Geldsäckel der kurkölnischen und der jülich-bergischen Herren. In Wahrheit stehen sie denn auch bis heute der geistlichen Obrigkeit mit einer Haltung gegenüber, die zwischen Gottergebenheit und Aufmüpfigkeit hin und her schwankt. Das heißt, sie stehen mit beiden Beinen fest auf den Fundamenten des christlichen Abendlands, blicken aber durchaus kritisch nach oben zu den Spitzen des Klerus.

Innere Freiheit beweist sich der Kölner seit 1388 eher in verbalen Respektlosigkeiten als in wahrhaft umstürzlerischen Schritten, also mit Vorliebe auch im Witz. Am Glauben wird nicht gerüttelt, aber über den offiziellen Verkündern des Glaubens wird büttweise Spott ausgeschüttet.

*In der schlechten Zeit überredet der Schäl den Tünnes, es mit ihm vorm Hauptbahnhof als Kofferträger zu versuchen. Getrennt tragen, vereint kassieren, heißt die Parole und so trennen sie sich erst einmal. Abends wollen sie sich im Brauhaus treffen, um auf den Erfolg anzustoßen und die Einnahmen zu teilen. Der Tünnes sitzt schon da, als auch der Schäl erscheint und wissen will: „Wie vill Kunde woren et bei dir?"*

*Aber der Tünnes winkt nur müde ab: „Keiner. De Lück han selvs kein Jeld. Un bei dir?"*

*„Einer. Der Erzbischof von Kölle."*

*Der Tünnes pfeift erwartungsvoll durch die Zähne: „Immerhin! Un – wievill?"*

*Da fährt der Schäl mit der Hand durch die Luft, als ob er den Segen erteilen würde, und fragt: „Kannste wähßele?"*

Allzu billige Leutseligkeit stimmt den Kölner zunächst immer misstrauisch, und wenn sie dreimal von Seiten der hohen Geistlichkeit kommt. Joseph Kardinal Frings hatte in der schlechten Zeit schon einmal echte Volksnähe bewiesen, indem er den Kölnern das nach ihm benannte Fringsen als Überlebensmittel ausdrücklich zugestand. Er wusste sich aber auch im persönlichen Umgang mit ihnen verständlich auszudrücken. Wie viele Anekdoten belegen, traf er dabei immer genau den richtigen und das heißt, den kölschen Ton.

*Ein kleiner Junge läuft vor dem Dom dem Kardinal genau vor die Füße, baut sich vor ihm auf und kräht: „Ich weiß, wä do bes!"*
*„So, so – wer bin ich denn?" fragt ihn lächelnd der Kardinal.*
*Doch der Junge verzieht keine Miene: „Dat sagen ich dir nit!"*
*„Dann saach et ävver och nit wigger!"*

Köln war immer eine Handelsstadt, und schon im Mittelalter hatte das Domkapitel als Kölns größter Einzelhändler auf diesem Sektor auch den größten Anteil am Handel mit Devotionalien und dem Geschäft mit dem Himmelreich. Während einer Besichtigung der Ausgrabungen unter dem Dom erfuhr ich unter anderem von einem einst begüterten Ritter, der für teures Geld eine Grabstätte direkt an der westlichen Außenmauer des alten Doms erwarb: einen am unteren Ende offenen steinernen Sarg, um sich am Tag der Auferstehung als Erster nach dem Domkapitel den Weg ins Himmelreich zu sichern – mit den Füßen zuerst. Leider wurde dem gutgläubigen Mann nicht nur das ganze Geld genommen, sondern im Zuge des Domneubaus auch das strategisch günstig gelegene Grab.

Dem profanen Kölner bleiben solche himmlischen Einnahmequellen verschlossen. Und deshalb münden seine gelegentlichen Erlebnisse im kirchlichen Bereich oft in nicht minder ernüchternden Pointen. Sie entspringen dem deutlichen Gefühl, bei dem frommen Handel mit Gott leer ausgegangen zu sein. Und sie bringen den Gutgläubigen aus geistlichen Gefilden todsicher zurück auf die Erde.

*Ein frommes Elternpaar hat Kummer mit seinem Jüngsten, weil der mit seinen fünf Jahren immer noch kein Wörtchen spricht. Man war bereits bei sämtlichen Ärzten. Es hilft alles nichts. „Ich fahre mit dem Jung no Kevelaer", sagt schließlich der Vater. Die Mutter stimmt sofort zu. Sie sind, wie gesagt, ein frommes Paar.*

*Noch am selben Abend meldet der Vater sich überglücklich am Telefon: „Der Jung spricht."*

*„Was sät hä dann?" will die Mutter wissen.*

*„Hä sät, ich hätt se nit mih all!"*

*„Der Jung hät janz Räch. Du häs jo och der Verkehte metjenomme!"*

Der Witz umgeht geschickt die Frage, wie die Pointe gelautet hätte, wenn der Richtige in Kevelaer mit dabei gewesen wäre. Stattdessen wird der Misserfolg der Familienwallfahrt flugs auf das Ungeschick des Vaters geschoben, und das schadenfrohe Gelächter wird allein auf ihn gelenkt. Von dem kranken Kind daheim ist nicht weiter die Rede. Das vermeintliche Wunder war eine Ente. Der scheinbaren Heilung liegt eine Verwechslung zugrunde. Da kann man sich, wie gesagt, durchaus fragen, was aus der Geschichte geworden wäre, wenn er den anderen, den stummen Sohn mit nach Kevelaer genommen hätte. Vielleicht hätte es sich auch dann ergeben, dass die Reise völlig unnütz war.

Der Kölner hängt solchen Fragen nicht lange nach. Zwar bringt auch er allen Wunderdingen eine gesunde Skepsis entgegen. Doch er kappt nicht den Draht zum Irrationalen. Er gibt sich mit leicht verständlichen, vernünftigen Gründen für das Scheitern zufrieden. Vordergründig steht der Vater und Ehemann als der Blamierte da. Kevelaer aber bleibt, was es war, eine wundertätige Wallfahrtsstätte.

Niemals würde man generell mit dem Übernatürlichen brechen. Neben allen weltlichen Einrichtungen und Organisationen, die einen durch das Leben geleiten, kann gerade in besonders schlechter Lage ein wenig geistlicher Beistand durchaus helfen. Und direkt schaden wird er schon nicht.

Der Kölner, das macht diese Fahrt nach Kevelaer klar, stört sich gern an Formverstößen, mäkelt gern an Personalien herum. Aber er rüttelt nicht am Heil versprechenden Kern. Er glaubt, dass man bei Taufen, Hochzeiten und Beerdigungen einen Pfarrer braucht, baut aber gewöhnlich mehr auf seinen gesunden Menschenverstand als auf Gott. Er lässt Gott einen lieben Mann sein, ohne klären zu müssen, ob er tatsächlich lieb ist und tatsächlich ein Mann. Er lässt die Kirche im Dorf, wie es altes Spruchgut empfiehlt, und den Dom in Köln, wie die Bläck Fööss es seit vierzig Jahren singen. Die Kirche und die Lieder, die Bläck Fööss und der Dom vermitteln ihm das Gefühl von Zuhause, das er sich von keinem noch so heftigen Zweifel nehmen lassen will.

*Ein Pfarrer will den Gottesdienst beleben und fragt am Ende
der Predigt: „Und nun erheben sich diejenigen von euch, die
in den Himmel kommen wollen!"*
*Alle stehen auf. Nur einer bleibt sitzen.*
*„Nun", fährt der Pfarrer fort, „stehen die auf, die in die
Hölle kommen möchten!"*
*Alle bleiben sitzen. Der eine auch.*
*Darauf wendet sich der Pfarrer direkt an ihn: „Wohin
möchtest du denn, mein Sohn?"*
*„Nirjendwo hin", erwidert der seelenruhig, „mir jefällt et he
bestens."*

Der Witz ist bei aller Respektlosigkeit gegenüber dem Ritus,
die ein derart lockeres Zwiegespräch vermuten lässt, nicht wirklich antiklerikal. Er bezeugt vielmehr eine gewisse Gelassenheit,
um nicht zu sagen Wurstigkeit dem eifernden Gottesmann
gegenüber, der als ungenügend wertet, was dem Kölner als
durchaus ausreichend erscheint.

Wie könnte sonst ein leibhaftiger Diakon namens Willibert
Pauels im Karneval Triumphe feiern, indem er in ein und demselben Vortrag respektlose Witze über „seinen" Kardinal reißt,
um zugleich geschickt eine PR-Lanze für seinen „katholischen
Verein" zu brechen?

Das Himmelreich bleibt als Fernziel so jedenfalls im Gespräch.
Es stellt in zahllosen Witzen und Liederstrophen, im Hänneschen
und im Divertissementchen den Ort der Handlung dar und
stellt auch einen Großteil des Ensembles sowie die gesammelten
himmlischen Chöre. Ansonsten aber soll es getrost noch warten.
Am liebsten stellt man sich die Ewigkeit als eine Art Dauerurlaub
vom irdischen Dasein vor. Als Urlauber aber ist man inzwischen

einige Standards gewöhnt. Und deshalb gewinnt bei vielen auch vor Antritt der letzten Reise die Skepsis wieder die Oberhand.

*Tünnes ist gestorben und kommt in den Himmel. Er wird zu seinem größten Erstaunen von Gott selbst in Empfang genommen und zu seiner künftigen Bleibe geführt. Auf dem Weg dorthin sieht er durch Wolkenschleier in darunter gelegene Räume, wo man offenbar tüchtig schlemmt.*
*„Die Hölle!" sagt Gott kurz angebunden.*
*Wenig später erblickt er weitere Räume, wo ausgiebig gebechert wird.*
*Diesmal sagt Gott nur: „Alle des Teufels!"*
*Schließlich erreichen sie einen Raum mit einer Liege, einem Stuhl, einem Tisch und einem Joghurt darauf.*
*„Gutes Eingewöhnen!" sagt Gott, schon im Gehen.*
*„Wat es?" fragt der Tünnes. „Soll dat he alles sin?"*
*„Ja, meinst du", sagt Gott, „ich koch' für uns zwei?"*

Als braver Kölner zweifelt Tünnes keinen Augenblick daran, dass er Aufnahme im Himmelreich findet. Und selbst dann bleibt er seinem Dualismus treu. Allein schon aus irdischer Erfahrung heraus schließt er bei aller Seligkeit nicht aus, dass er in puncto himmlische Freuden gewisse Abstriche machen muss. Zugleich ist er sich jedoch ganz sicher, dass gewisse Herrschaften nach ihrem Ableben dort erst gar keinen Einlass erhalten werden.

*Zwei Journalisten kommen in den Himmel.*

Das ist für ihn demnach auch ein Witz. Was Verpflegung und Serviceleistungen im Jenseits anbelangt, hegt unser Tünnes nach langer Erfahrung mit der Kölner Gastronomie dagegen ernsthafte Zweifel. Wieder einmal macht sich seine angeborene Neigung bemerkbar, über noch so himmlischen Erwartungen nicht die irdischen Bedürfnisse zu vergessen.

Den Himmel auf Erden bereitet Kölnern seit jeher der Anblick jener echt kölschen Mädchen, die man bei Prozessionen bewundern kann und die ein aus Schwaben stammender mittelalterlicher Maler namens Stephan Lochner auf seinen Altarbildern schon so lieblich als Engel gemalt hat, dass das in Köln regelrecht Schule machte.

*Ein älteres Ehepaar steht während der Fronleichnamsprozession am Straßenrand. Plötzlich stößt der Mann die Frau an und sagt: „Schau nur da, die leckeren Mädchen!" Da dreht sich eines der weiß gekleideten und geflügelten Kinder um und plärrt: „Mer sin kein Mädcher, mer sin Engelcher, du Armleuchter!"*

Ich gebe den Witz hier so wieder, wie ich ihn zuletzt erzählt bekommen habe. Es ist aber durchaus denkbar, dass das Mädchen ursprünglich „du Arschloch!" gerufen hat. Aber selbst diese unfeine Injurie hätte den Abstand zum Reich wirklicher Engel nur scheinbar größer gemacht. Von allen Szenen, die der Bonner Professor Lützeler als Beispiele für den rheinischen Humor gebracht hat, haftete diese am lebhaftesten im allgemeinen Gedächtnis – gerade wegen der deutlichen Diskrepanz zwischen dem sanften Erscheinungsbild der Engelchen und ihrer drastischen Ausdrucksweise. Sie wurde mir auch am häufigsten in der derberen Fassung weitererzählt. Höchste Ziele ins Auge zu fassen und zugleich nicht den Boden unter den Füßen zu verlieren, auf diese doppelte Begabung scheint man in Köln von klein an besonders stolz zu sein.

Früher, als konfessionelle Inhalte in den Schulen allgegenwärtig waren, richtete sich der Blick der ABC-Schützen oft ganz gewohnheitsmäßig nach oben.

*In der katholischen Grundschule fragt die Lehrerin: „Wer kann mir sagen, was das ist? Es ist braun, hat einen buschigen Schwanz, springt behände von Ast zu Ast und knackt Nüsse?" Zögernd meldet sich das Jüppchen: „Der Beschreibung noh hätt ich op Eichhörnchen jetipp. Ävver su, wie ich der Lade he kenne, es et bestemp widder et liebe Jesulein!"*

Wo es darum ging, den Heidenkindern Jesus nahezubringen, schreckten fromme Männer auch vor größeren Tieren der Wildnis nicht zurück. Dort kommt nun noch einmal der Löwe, König der Tiere, ins Spiel, den die Kölner vorher nur als exekutives Organ aus der Zeit der Christenverfolgung und legendäres Mittel zum Zwecke der Intrige gegen einen Kölner Bürgermeister kannten. Sein Verhalten bestärkt sie darin, dass der Glaube zwar Berge versetzen, aber keine ordentliche Mahlzeit ersetzen kann. Und noch so einiges andere nicht.

*Ein Missionar sieht mitten in der Wildnis plötzlich einen Löwen auf sich zukommen, sinkt auf die Knie nieder und beginnt, zu Gott um Rettung zu beten. Der Löwe kommt näher, das Gebet wird lauter. Dann steht der Löwe so dicht vor ihm, dass er fast seinen Atem spüren kann, und dann, o Wunder, hört er, wie der Löwe ebenfalls betet: „Komm, Herr Jesus, sei unser Gast, und segne, was du uns bescheret hast …"*

Sexuelle Aufklärung wurde an solchen Schulen ganz klein geschrieben. Doch der lachende Volksmund wusste sich auf seine Weise zu helfen. Er machte sich Possen reißend zunutze, was kluge Kirchenmänner längst wussten und witzige wie der Diakon und Büttenredner Willibert Pauels neuerdings sogar sagen: Witze stellen immer auch – und mit voller Absicht – Tabubrüche dar. Der eigentliche Witz dabei war, dass gewisse Dinge zur Sprache kamen, über die man für gewöhnlich schwieg.

*Diesmal wagt die Lehrerin mehr: „Wer von euch kann mir denn sagen, woher die kleinen Kinder kommen?"*
*Brav meldet sich der erste Schüler: „Bei uns brengk se der Klapperstorch."*
*„Bei uns", weiß der zweite, „brengk die Mamm sie no der Kur us der Klinik met."*
*„Und wie ist das bei euch", fragt die Lehrerin das kleine Jüppchen, das bis dahin verlegen geschwiegen hat.*
*„Och", sagt da das Jüppchen, „mer sin ärm Lück. Bei uns mät se der Papa selver."*

Ganz nebenbei macht die Pointe deutlich, wo in der Familie des kleinen Josef die wirklichen Probleme lagen. Manches Ehepaar wünschte sich zeitlebens ein Kind, besaß aber – anders als heute – ein Dutzend. Wo die Kinder herkamen, das war in vielen sonst glücklichen Ehen früher nicht so sehr das Problem. Das Problem war vielmehr, wohin mit ihnen, wenn sie erst einmal geboren waren. Schon Tucholsky hat zwei ungeborenen Leben viel Raum in utero gegeben, um die Frage zu diskutieren, wie es ihnen als Geborenen ginge.

Das kleine Jüppchen in den Witzen erweist sich übrigens als durchaus nicht von gestern. Schon eher hinkt die Geistlichkeit verständnisvoll, doch vieles missverstehend, hinter der frühreifen Jugend her.

*Ein kleiner Junge steht an einer Haustür und reckt sich vergebens nach der Klingel. Da kommt der Herr Pastor vorbei und fragt: „Nun, mein Sohn, kommst du nicht an die Klingel?"*

*„Enä!" knatscht der Kleine und weist dabei mit dem Zeigefinger auf den obersten Klingelknopf.*

*„Das haben wir gleich!" sagt der Pastor und drückt auf den Knopf. „Na, wie sagt man?" fragt er den Jungen dann.*

*„Flöck, Herr Pastor, jetzt müsse mer ävver laufe!"*

# Der ironische Witz

Menschen mit Humor, vor allem solche, die ständig Witze erzählen, um ihn zu beweisen, können sehr humorlos werden, wenn man nach der Pointe gar nicht oder allzu übertrieben lacht und dann auch noch „Ha, ha, sehr witzig!" sagt. Eine solche Bemerkung ist nämlich nicht humorig. Sie ist ironisch. Und das ist der Unterschied: Der humorvolle Witzbold meint selbstverständlich, etwas enorm Witziges erzählt zu haben und auf höchst witzige Weise dazu. Sein ironischer Zuhörer aber meint das genaue Gegenteil und das Gegenteil dessen, was er dazu von sich gibt: Etwas Blöderes ist Ihnen wohl nicht eingefallen?

Doch so deutlich will er es nun auch nicht sagen, schon um des lieben Friedens willen. Ironie ist also eine Form des – wenn auch kaum versteckten – Spotts, der Kritik, der Attacke, wobei die Spitze ebenso der Person wie der Sache gelten kann. Mit übertriebenen Verbeugungen vor angemaßten Werten und aufgeblasenen Wichtigkeiten macht sie beides lächerlich. Lächerlichkeit aber tötet. Das ist ein alter Witz. Und nicht von schlechten Eltern.

Schon Sokrates benützte im Gespräch diese Methode der Verstellung und wollte so seine Schüler lehren, eingebildetem Wissen zu misstrauen. Auch die deutschen Romantiker nahmen die Ironie sehr ernst. Heinrich Heine entdeckte sie als geeignetes Mittel der Satire und richtete sie als scharfe Waffe gegen romantische Verlogenheit und biedermeierliches Muckertum.

*Vertrauet eurem Magistrat,*
*Der fromm und liebend schützt den Staat*
*Durch huldreich hochwohlweises Walten.*
*Euch ziemt es, stets das Maul zu halten.*

Hochwohlweises Walten! Bei so viel triefender Ironie merkte selbst die dümmste Obrigkeit: Da stimmte nichts. Da war bei jedem Wort das genaue Gegenteil gemeint. Und das wiederum verstimmte sie. Der allzu ironische Dichter musste Deutschland verlassen.

Die Deutschen wurden darüber sogar selbst ironisch: „Ein schöner Deutscher, dieser Heine!" Andere zahlten es ihm mit eigener Münze heim und reimten Heinrich Heine auf Buch der Schweine. Selbstironisch war man deshalb noch lange nicht. Denn Selbstironie ist erst recht nicht jedermanns Sache. Schon gar nicht, wenn es im Leben ernst wird.

Tödlich ernst wird es für die Gangster aus Chicago, südlicher Abschnitt, in Billy Wilders hinreißender Komödie „Manche mögen's heiß", als sich die „Freunde der italienischen Oper" zum Bankett versammeln und eine MP-Garbe aus der Geburtstagstorte „Gamasche" samt seinen Gorillas niedermäht. Der Gangsterboss hatte noch gar nicht Geburtstag, doch gerade noch Zeit für zwei Wörter: „Wie witzig!"

Das war keine Ironie und schon gar keine Selbstironie. Das war allenfalls wieder einmal Galgenhumor. Der Drehbuch-Witz kam nicht von ungefähr. Hätte sich Billy Wilder nicht 1933 über Frankreich in die USA abgesetzt, wäre es für ihn im Dritten Reich sicher auch tödlich ernst geworden. Doch bei seiner Einschätzung der Lage liegt der Witz in der Umkehrung. „Die Lage ist ernst, aber nicht hoffnungslos!" das wäre nur im Sinne der späteren Durchhaltepropaganda gewesen – und angesichts der real bestehenden Lage ein eher unfreiwilliger Witz.

Zumindest als Witzerzähler stellt der Kölner keine Ausnahme dar. Er ist besser im Austeilen als im Einstecken, wie das nächste Kapitel noch zeigen wird. Wenn man wagt zu witzeln, während er selbst Witze reißt, reagiert er schnell beleidigt. Wenn man ihm schon ironisch kommt, bevor er selbst bei seiner Pointe landet, fühlt er sich in seiner Witzehre gekränkt. Und wenn es um diese Ehre geht, ist der Kölner der bessere Türke.

Dagegen blitzt in seinen Witzen Ironie gar nicht selten auf und kommt ihm häufig äußerst gelegen. Es ist die Methode, über andere zu witzeln, ohne schlummernde Feindschaften zu wecken, die Kunst, es anderen zu geben, ohne sich selbst aus der Deckung zu wagen. Mit dieser Doppelstrategie kann der Kölner einmal mehr ganz er selbst sein: Nach unvermeidlichen Niederlagen sieht man ihn nicht etwa niedergeschlagen. Er vermag anders als andere Helden Unvermeidliches zu akzeptieren, ohne sein Selbstwertgefühl zu verlieren und in Selbstmitleid zu ertrinken. Auf eine unerwartete Abfuhr reagiert er unerwartet gelassen. Auf das Eingeständnis der Niederlage kann der andere allerdings lange warten.

*Der Tünnes will den Schäl besuchen. Als er unten an der Haustür klingelt, macht der Schäl oben in seiner Wohnung ein Fenster auf und ruft auf die Straße hinunter: „Ich ben nit do!"*
*Darauf der Tünnes: „Dröm ben ich och nit jekumme!"*

Die reine Ironie ist das übrigens nicht. Reine Ironie hätte vielleicht so geklungen:

*Schäl: „Doll Idee vun dir, mich einfach su zo üvverfallen!"*
*Tünnes: „Dat es jo ene schöne Empfang!"*

Auch das kurze Nonsensgespräch macht die ganze Verärgerung zwischen den Freunden in zwei knappen Sätzen klar. Doch der offensichtliche Unsinn nimmt ihr viel von ihrer Ernsthaftigkeit. Die Ironie besorgt nur den Rest. Sie verkehrt den unglücklichen Tatbestand – einer kommt überraschend zu Besuch und trifft den andern zur Unzeit an – zu beider Glück kurzerhand in sein Gegenteil.

Anderswo hätte man womöglich Klartext geredet. Dann wäre der Dialog so verlaufen. „Du hast mir gerade noch gefehlt, lass mich um Himmels Willen in Ruhe!" hätte der eine vielleicht hinuntergerufen.

Und der andere hätte nach oben erwidert: „Begrüßt man so einen Freund, der eigens den langen Weg hierher macht?"

Beide wären eingeschnappt, das Zerwürfnis wäre programmiert gewesen.

In Köln will man nun aber einerseits gegenüber einem Besucher nicht unhöflich sein. Schließlich schnappt man selber ziemlich rasch ein. Es ist also wichtig klarzustellen, dass die Abfuhr nicht ihm persönlich gilt.

Andererseits will der sich nicht nachsagen lassen, er hätte womöglich einen Schritt zu viel und diesen auch noch vergeblich gemacht. Es gilt auch in einer so verfahrenen Lage die Handlungshoheit zu bewahren und die Selbstachtung als ein treuer, wenn auch, zugegeben, etwas gehfauler Freund.

*An der KVB-Haltestelle am Neumarkt sieht ein Mann einem*
*anderen zu, der auf der Rolltreppe aus der U-Bahn-Passage*
*kommend seine Anschlussbahn wirklich um eine Handbreit*
*verpasst: „Is Ihnen de Bahn wechjefahren?" spricht er den*
*Ärmsten mitfühlend an.*
*„Nä", erwidert der grimmig, „ich han se verjaach!"*

Aus unbeteiligter Sicht ist auch diese Geschichte einfach dumm
gelaufen. Aber auch hier versucht der Hauptbeteiligte zumindest
sein Gesicht zu wahren, nachdem er die Bahn, die er kriegen
wollte, nur noch von hinten gesehen hat. Wenn er schon unbe-
streitbar das Nachsehen hatte, will er nicht noch bemitleidet
werden. Schließlich erfolgt die Abfahrt der Bahnen nach irgendwelchen bestehenden Plänen. Sie richtet sich also ganz
sicher nicht gegen ihn. Darum kann er, dualistisch gesehen,
nichts Besseres tun, als auf die nächste zu warten.

Durch ironische Verkehrung von Ursache und Wirkung verändert er den Vorgang nun zu seinen Gunsten. Aus der Entschie-
denheit, mit der er das tut, ergibt sich die überaus erheiternde
Wirkung. Wieder zeigt sich die Begabung, auf jede Ohnmäch-
tigkeit gegenüber unerfreulichen Gegebenheiten erfreulich gelassen zu reagieren. Auch wenn diese Form der Gelassenheit
nicht alle gleichermaßen freut.

Manchem wurde in der Schule schon vorgeworfen, er schaue
zu ironisch drein. Doch oft blieb ihm angesichts der dozierenden
Langweiler hinterm Katheder gar nichts anderes übrig.

*Der Schäl hat als Aushilfslehrer Probleme mit der Disziplin.*
*Besonders ein Schüler in der hintersten Reihe grinst in einem*
*fort über seinen Augenfehler.*

*„Du da hinten, was gibt es da dauernd zu grinsen?" herrscht*
*er ihn an.*
*„Ich han doch üvverhaup nit jejrinßt!" wehrt sich der*
*Schüler neben ihm.*
*„Dich habe ich überhaupt nicht jefracht!" unterbricht ihn*
*der Lehrer wütend.*
*Drauf der dritte Schüler, noch einen Platz weiter: „Ich han*
*jo och üvverhaup nix jesaat!"*

Ist bei manchen Menschen Ironie angeboren, ebenso wie das
Schielen beim Schäl? Wird sie als Charakterschwäche erworben?
Oder wird sie vererbt? Wird sie einem eingeimpft und mit den
Witzen weitergegeben? Ist sie nur eine Untugend oder auch ein
Talent?

Ich erinnere mich, dass meine Mutter, um den Rest ihrer Nerven
zu schonen, immer dann von einer schönen Bescherung sprach,
wenn in ihrem Haushalt wieder einmal der Weltuntergang ge-
probt worden war. „Das ist ja eine schöne Bescherung!" sagte
sie dann, anstatt hysterisch drauflos zu schimpfen oder verzweifelt
loszuheulen. Später fand sich der ironische Ausspruch in der
Gebrauchslyrik wieder.

*„Schöne Bescherung!" rief die Tante,*
*die das Talent des Neffen erkannte,*
*als am Ersten Advent,*
*wo ein Lichtlein sonst brennt,*
*bei ihr schon das ganze Zimmer brannte.*

Nun war Ironie nicht gerade die Stärke von waschechten Kölnern
wie Tünnes und Schäl. Sie benutzten sie nur zum eigenen Schutz,

um in schwacher Position ihren Stand zu wahren. Mit abnehmendem Respekt vor der Obrigkeit verlor sie an Nutzen und Notwendigkeit. Auch die Witze à la Werner Finck sowie viele aus der DDR haben ja ihre Brisanz eingebüßt, seit man in diesem unserem Lande ungestraft drauflosblödeln darf. Es sei denn, man hätte dadurch irgendeinen Blödmann gekränkt.

Manche Kölner halten sich für sehr wichtig. Dabei sind sie einfach nur übergewichtig. Sie sind sich zwar mit ihrem Hausarzt einig, dass sie beim Essen Maß halten müssten. Dabei halten sie es aber meistens lieber mit einer Maß Obergärigem (ordentlich gezapft sind das fünf Kölsch). Und außerdem halten sie unbeirrbar an der Überzeugung fest, dass die größte Gefahr für einen Menschen darin besteht, durch übermäßiges Fasten vom Fleisch zu fallen.

Wenn ein solcher Mensch zudem dazu neigt, sich sogar noch beim Essen wichtig zu machen, dann redet er von einem Zielkonflikt. Und wenn dann die Riesenportion serviert wird, die er sich nach sehr viel Überwindung und mit letzter Kraft bestellt hat, dann rettet ihn aus dem Dilemma nur noch satte Selbstironie.

*„Un ovends jet Kleines!" sagte der Vielfraß und futterte vergnügt für zwei.*

In dieser geradezu liebevollen Untertreibung steckt nicht einmal mehr der Rest eines kritischen Untertons. Der Mann sieht sich nicht als Vielfraß, sondern als gesunden Esser. Als solcher lässt er seinen medizinischen Halbgott einen guten Mann sein, und sich selbst lässt er es himmlisch schmecken. An die ärztliche Leier, endlich abzuspecken, hat er sich als Tafelmusik gewöhnt.

Mit dem Dicksein versöhnt er sich bei jeder üppigen Mahlzeit neu. Erst wird gesündigt. Dann erteilt er sich mit einer ironischen Bemerkung selbst die Absolution. Indem er das Große kleinredet, verringert er auch das Problem. Allein die Idee begeistert ihn. Doch er darf sich nicht zu lange begeistern. Sonst bekommt er schon wieder Appetit.

Zu den gut gemeinten Verniedlichungen zählen auch zwei Sprüche, die mir von klein an als die reine Ironie erschienen. Dazu muss ich etwas weiter ausholen. Aber ich hoffe, die Geschichte ist Ihnen, sagen wir, ein paar Lesezeilen zusätzlich wert! Oder, wie es damals ständig hieß:

### Das haben wir in fünf Minuten!

Es war einmal vor langer Zeit, da war ein Fünf-Minuten-Ei zum Frühstück noch keineswegs selbstverständlich, und an ein Fünf-Minuten-Steak war überhaupt nicht zu denken. Aber die fünf Minuten gab es schon. Sie waren ein Zeitmaß, das mich von frühester Kindheit an begleitet hat.

„Das haben wir in fünf Minuten!" hieß es in aufmunternder Untertreibung, wenn es etwas zu schaffen gab, das ich überhaupt nicht schaffen wollte und wovon ich genau wusste, dass es mit allem Drum und Dran unter einer Stunde auch gar nicht zu schaffen war. „Das haben wir früher alles in fünf Minuten geschafft!" hielten die Älteren einem vor, wenn man vor der Aufgabe zurückschreckte oder über deren Dauer verzagte.

Die fünf Minuten passten gut zu den übrigen Parolen der damaligen Zeit. „Ich kann nicht heißt, ich will nicht!" tönte es aus Elternmund. „Wo ein Wille ist, ist auch ein Weg!" predigten die Erzieher.

Da wurden noch rasch Gardinen gewaschen oder Kuchen gebacken, auch wenn der Besuch schon vor der Tür stand. Da wurde noch eben ein neues Kapitel im Unterrichtsbuch aufgeschlagen, auch wenn die Schulstunde so gut wie zu Ende war.

Da wurde einfach so getan, als könnte man durch reine Willenskraft die Zeit besiegen. Und tatsächlich, es wurde ganz nebenbei so manches besiegt: die eigene Trägheit, der innere Schweinehund, die äußeren Widerstände, wenn auch meistens nicht ganz innerhalb der dafür vorhergesagten Zeit.

Was die fünf Minuten als Zeitmaß waren, das bedeutete der Katzensprung bei der Bemessung von Entfernungen, vor allem von Entfernungen, die man in besagten fünf Minuten zu überwinden sich vorgenommen hatte. Und ansatzweise schafften wir das.

### Ist doch nur ein Katzensprung!

Auch Sätze wie diesen habe ich noch von früher im Ohr, ohne die dazugehörige Katze je zu Gesicht bekommen zu haben. Sie muss ein gewaltiges Tier gewesen sein. Zumindest wuchsen sich ihre Sprünge von Gelegenheit zu Gelegenheit zu immer größeren Weiten aus, so wie sich ja auch die fünf Minuten beliebig dehnen ließen, bis das gesteckte Ziel erreicht war.

Heutzutage ist das anders. Heute weiß jeder auch schon in jungen Jahren, wie viel seine Zeit wert ist und wie viel Benzin jeder Kilometer frisst. Da ist bei aller Mobilitätsbereitschaft von Katzensprüngen nicht mehr die Rede. Da ist bei allem Auf-der-Höhe-der-Zeit-Sein in fünf Minuten nichts mehr drin.

Im Gegenteil. Oft ist für viele die Stunde schon um, bevor sie so richtig begonnen hat. Und manchmal ist für alle der ganze

Tag gelaufen, wenn es nämlich ein Freitag ist und ein langes Wochenende winkt. Da lohnt es sich selbst beim besten Willen schon am frühen Morgen nicht mehr, irgendetwas anzufangen, weil alle nur das eine wollen: fort. Da kann man keinen mehr auf einen Katzensprung losjagen oder für fünf Minuten festnageln. Da sind alle schon selbst auf dem Sprung und zählen die letzten fünf Minuten, bis Feierabend ist.

So überwindet jede Generation auf ihre Art leise schummelnd Raum und Zeit. Wer am Ende besser abschneidet im Vergleich, die tiefstapelnden Arbeitstiere von einst oder die hochstaplerischen Freizeitschinder von heute, das lässt sich schwer klären – jedenfalls nicht in fünf Minuten.

Kölner und Kölnerinnen wissen sich ihren Lebensraum zu jeder Zeit so einzurichten, dass es sich neben der Arbeit darin auch einigermaßen komfortabel hausen lässt. So pünktlich sie alles stehen und liegen lassen, um zu ihrem Freizeitvergnügen zu gelangen, so gemütlich lassen sie es angehen, wenn es darum geht, irgendwo pünktlich zu erscheinen, diese Freizeitvergnügen noch nicht einmal ausgenommen. Die praktische Anwendung dieser Philosophie habe ich während meiner Lehrjahre in Köln bereits am lebenden Beispiel erlebt und in dem Kapitel über philosophische Witze auch gebührend gewürdigt.

Von damals bis heute hat sich nicht viel geändert. Allerdings hätte der säumige Mitarbeiter heute sicher ein Handy zur Hand, von dem er unterwegs mit den Worten Bescheid geben könnte: „Ich bin schon da!"

Und deshalb hat er es jetzt auch noch rechtzeitig in dieses Kapitel geschafft. Denn im Gegensatz zur damaligen simplen Entschuldigung ist dieser Satz nicht frei von Ironie. Der Anrufer ist zwar wieder einmal noch nicht da, wird, wenn überhaupt, verspätet erscheinen. Aber er überbrückt mit dem Anruf locker die Kluft zwischen Erwartung und Wirklichkeit.

Seine Auskunft mag logischem Denken widersprechen, der Kölner Philosophie widerspricht sie nicht. Wieder einmal wird nicht an den Grundregeln menschlichen Zusammenlebens und Zusammenkommens gerüttelt. Sie werden nur etwas gelassener und nach praktischen Erwägungen ausgelegt. Wenn ihn unverbesserliche Preußen und andere Unmenschen deshalb schelten, betrachtet er dies nachgerade als Lob.

„Bin schon weg!" Auch diese oft gehörte Beschwichtigungsformel wäre nur dann ohne Ironie, wenn sie wie die vorherige schon von unterwegs übers Handy käme. Vor Ort ausgesprochen läuft der Satz ebenfalls jeder Logik zuwider. Doch der Kölner will davon nichts hören und sehen. Er drückt konsequent beide Ohren zu. Blindlings lässt er den Umstand als mildernd gelten, dass einer, den er dringend los sein möchte, sein Verschwinden zumindest schon mal in Aussicht stellt.

Ein triviales Beispiel für Ironie stellt im Übrigen auch der Witz von den zwei Journalisten dar, die an der Kneipe vorübergehen. Darum werden wir sie diesmal übergehen. Da sich aber außer den beiden, ganz entgegen meinem Versprechen, in immer noch ein Kapitel unablässig so etwas wie eine Fußnote einschleicht, sei mir stattdessen die nachfolgende zusätzliche Anmerkung gestattet. Sie richtet sich an Sie, den kritischen Leser, der diese Kapitel nicht nur flüchtig überfliegt, um darin womöglich neue Munition für das nächste Humorgefecht beim nächsten geselligen Treffen zu finden. Ihnen wird es nicht entgangen sein, dass die Überschrift des laufenden Abschnitts (wie übrigens auch die einiger, die noch folgen) nicht zu den vorherigen passt. Dort ging es meist um den Inhalt der Witze. Jetzt geht es vor allem um die Witzmethode.

So wie ein Witz meist den anderen ergibt, hat sich beim Rekapitulieren mir bekannter Witze dieser Ablauf ergeben, hinter dem aber weder humoristische Absicht, geschweige denn der geringste Anspruch auf eine höhere Ordnung steckt. Weder kam mir je die Idee einer eigenen Witzenzyklopädie. Noch viel weniger hätte ich mir eine ernsthafte Witzologie zugetraut.

Vielleicht wäre es dennoch interessant zu erwähnen, dass es zwischen diesem Kapitel (zum reizvollen Thema Ironie) und dem nachfolgenden (zum eher aufreizenden Thema Überheblichkeit) einen peinlichen Zusammenhang und zugleich einen Gegensatz gibt. Einem Radler gleich tritt der Witz in die Pedale – und er tut es beide Male voller Kritik- und Angriffslust. Während er von unten nach oben strampelt, verrät sich diese heimliche Aggressivität freilich nur durch sein heuchlerisch übertriebenes Lob für alles, was über ihm ist. Hat er aber eine Etappe geschafft, äußert sie sich unverhohlen in maßloser Geringschätzung für alles, worauf er hinunterblickt. Und er blickt auf eine Menge hinunter.

# Der überhebliche Witz

Warum ist es am Rhein so schön? Als ich 1953 mit dem Zug, damals noch auf der rechten Rheinseite, hinter unseren Möbeln herfuhr, leuchtete mir die Antwort auf diese, wie mir schien, rein rhetorische Frage sofort ein. Hinter Rüdesheim war der Mond aufgegangen und verwandelte das vorübergleitende End-lospanorama mit seinen verschlafenen Winzerdörfern und ver-wunschenen Ritterburgen in eine wunderbare Kulissenland-schaft, wie zu einem Fantasyfilm. Nur, dass es in den fünfziger Jahren noch keine Fantasyfilme gab. Egal, der romantische Strom hatte bei mir gewonnen.

Köln am anderen Morgen war eine Ernüchterung, der Rhein unauffindbar, die Romantik futsch. Ich wusste mit der riesen-großen, fast völlig kaputten Stadt nichts anzufangen – und erst recht nichts mit der tausendfach gesungenen Frage.

Inzwischen glaube ich die Antwort zu wissen. Ich verdanke sie einer anderen Frage, die zwar nicht gesungen, aber von einem dankbaren Publikum regelmäßig frenetisch bejubelt und be-klatscht wird. Es ist der Kölner Kabarettist Jürgen Becker, eigent-lich also ein professioneller Nestbeschmutzer und natürlicher Feind aller Provinzbrüter, der gelegentlich seine „Mitternachtsspitzen" im Alten Wartesaal mit den Worten beginnt: „Dann wollen wir uns mal einen schönen Abend machen. Oder kommen Sie aus Düsseldorf?"

Bei dem Stichwort Düsseldorf wäre wieder eine Fußnote fällig, um den Eindruck zu vermeiden, als interessierte sich irgendjemand dafür, ob das Huhn zum Korn, das Rindvieh zur Tränke oder aber ein paar Düsseldorfer nach Köln in den Alten Wartesaal finden. Die Frage kann nämlich nach aktueller Lage der Dinge auch anders lauten: Oder haben Sie auch die Union, die FDP, die SPD, die Grünen, die Linke gewählt? Ihrer Bank, Ihrer Firma, Ihrem Autohändler vertraut? Sich auf ein Haus, eine Frau, einen Hund, ein Kind eingelassen? Der Lacher ist jedes Mal garantiert.

Das Rezept ist ja auch vergleichsweise einfach. Dem Publikum muss nur vermittelt werden: Wir mögen zwar Provinz sein, wir sind im Vergleich aber immer noch die Besseren! Die Schlaueren! Die Glücklicheren! Und weil das Publikum im Alten Wartesaal das jedes Mal so begeistert schluckt und sich gleich zu Beginn viel besser fühlt, darum ist es am Rhein und insbesondere in Köln am Rhein ganz besonders schön!

Auch gewiefte rheinische Karnevalsredner kennen diese Erfolgsmethode und variieren deshalb ihre Reden, je nachdem, an welchem Ort sie damit in die Bütt steigen. Bei Auftritten in Köln ziehen sie über die Düsseldorfer her und ernten damit sicheren Applaus. In Düsseldorf verfahren dieselben Redner umgekehrt und können sich des Beifalls ebenfalls gewiss sein. Das Prinzip ist stets dasselbe: Immer stehen die anderen als die Dümmeren da!

Klug sein allein genügt nicht. Gut sein auch nicht. Nicht einmal sehr gut sein. Klüger als die anderen will man immer schon gewesen sein. Besser als alle anderen will man werden. Und was das Beste ist: Irgendwann glaubt man selbst daran, dass man es schafft.

Deswegen gab es früher regelmäßig Wirtshauskeilereien zwischen verfeindeten Dörfern. Keine Kirmes in Junkersdorf, hat mir mein alter Junkersdorfer Hausarzt einmal auf der Kirmes erzählt, auf der nicht die Jungmänner aus Großkönigsdorf vermöbelt wurden, die sich zum Maitanz dorthin wagten. Und umgekehrt. Deshalb finden stets von neuem regelrechte Schlachten zwischen den Fans konkurrierender Vereine statt. Deswegen stand es erst kürzlich wieder so in der Kölner-Lokalpresse: Köln bald wieder Nr. 1. Ich habe vergessen, auf welchem Gebiet. Das tut bei einer solchen, an sich schon begeisternden Schlagzeile auch weiter nichts zur Sache. Auf Grund welcher eigenen Leistung? Das fällt nicht weiter ins Gewicht. Wichtig ist, dass man es allen, angefangen mit den Düsseldorfern, wieder einmal so richtig gegeben hat. Sich gern über andere zu erheben, das ist auch kein spezifisch kölscher Ehrgeiz. Überheblichkeit gibt es auf jeder Ebene, nicht nur von Seiten der größeren gegenüber der kleineren Stadt am Rhein.

*Beim Jüppchen zu Hause ist ein gleichaltriger Vetter aus Berlin zu Besuch, der mit den Errungenschaften der Hauptstadt mächtig angibt.*
*„Wia in Balin ham een jroßen Zoo!"*
*„Hammer och!"*
*„Wia in Balin ham een riesenjroßes Stadion!"*
*„Hammer och."*
*„Wia in Balin ham een Bürjermeester!"*
*„Hammer och!"*

*„Unsa Bürjameester hat 'ne riesenjroße Kette um!"*
*„Unse läuf noch frei eröm!"*

Der Punktsieg gegenüber dem Berliner Jungen trügt. Solch ständiges Konkurrenzstreben trübt die Sicht auf das Eigentliche. Man schielt auf auswärtige Erfolge außerhalb der eigenen Leistungskraft und verliert den Blick für das wirklich Erreichbare. Nicht selten mündet derart blinder Lokalpatriotismus denn auch in einer Lokalposse und erntet dann auswärts, wenn auch unfreiwillig, schadenfrohen Applaus.

Darum ist dieses Streben, in doppelter Bedeutung des Wortes, eitel zu nennen. Stattdessen sollte eine wohlverstandene Heimatliebe dem entsprechen, was Jean Paul über die Eitelkeit sagt: „Man kann sie gelten lassen, ja, man sollte sie sogar fördern, solange sie nicht vergleicht und nicht andere herabsetzt."

Nun ist zu bedenken, dass Jean Paul kein Kölner war, sondern ein Franke.

*Wenn ein Franke vom Dorf ins Ausland will, geht er zuerst noch aufs Bürgermeisteramt. Und da bekommt er fünf Euro dafür, dass er nirgends verrät, wo er her ist.*

So ein Witz, wenn es denn einer ist, wäre aus dem Mund eines Kölners undenkbar. So viel Selbstkritik brächte der Kölner niemals über sich. Mag er im Grunde seines kölschen Herzens auch ein ebensolcher Dörfler sein – für ihn liegt vierzig Kilometer weiter nördlich im Zweifelsfall immer noch das größere Dorf. Völlig austreiben kann man sie wahren Lokalpatrioten zudem nirgendwo – weder die Heimatliebe noch die damit verbundene eitle Überheblichkeit.

Nun, wir wollen, gerade erst gewarnt vor Vergleichen, die Vergleiche hier nicht bis ins Lächerliche treiben. Und schon gar nicht wollen wir irgendetwas herabsetzen, was irgendjemand schön und Heimat nennt.

*Kölner und Westfalen – es ist furchtbar, aber es geht.*

Selbst ein Jürgen Becker bleibt vergleichsweise diplomatisch, wenn es ausnahmsweise zu einem kabarettistischen Gipfeltreffen von Vertretern zweier Provinzen kommt. Er sagt nicht einfach: „Westfalen sind furchtbar!" Da er mit seinem westfälischen Kollegen Rüdiger Hoffmann auf der Bühne steht, tritt man einander nicht auf die Füße. Schon gar nicht versteht er sich als Kölner zu dem ebenso einfachen Eingeständnis, dass es auch furchtbare Kölner gibt. Der anschließende gemeinsame Lacher von Kölnern und Westfalen bestätigt, dass das (Kölner) Publikum den Witz auch so goutiert!

Echte Kölner sind stolz darauf, echte Kölner zu sein, schon weil sie nichts anderes sind und nie etwas anderes waren. Kleinliche Unterscheidungen, bis ins Postalische hinein, zwischen dem Linksrheinischen und der Schäl Sick, zwischen Vringsveedel und Eigelstein, zwischen Nippes und Ehrenfeld, zwischen Sülz und Klettenberg einmal beiseite gelassen! Und tausendjährige Ahnenforschung lieber ganz zu den Akten gelegt!

Außer diesem Stolz besitzen die Kölner zweierlei, was sie mit zusätzlichem Stolz erfüllt, und das ist ihr Kölsch. Eines, das sie trinken und das nur in einem eng begrenzten Großraum um Köln gebraut werden darf. Und eines, das sie reden und das außer ihnen kein Mensch je perfekt beherrschen kann.

*Als Gott die Menschen geschaffen hatte, gab er jedem
einzelnen deutschen Stamm seinen eigenen Dialekt, den
Bayern den bayrischen, den Schwaben den schwäbischen,
den Hessen den hessischen und so fort. Dem Sächsisch der
Sachsen hörte man sogar an, dass es gerade ein Montag war.
Nur die Kölner schien er vergessen zu haben. Also ging der
Tünnes (der war bekanntlich schon vor dem Schäl erschaffen
worden) zum lieben Gott, um sich zu beschweren. Gott war
der Lapsus natürlich peinlich. Da er selbst sie geschaffen
hatte, wusste er, wie empfindlich die Kölner sind. „Wesst ihr
wat?" schlug er schließlich vor. „Sprecht doch einfach esu
wie ich!"*

Ans Kölschtrinken hatte ich mich bald gewöhnt, war auch an
jeder Theke willkommen, vor allem, wenn ich eine Runde
schmiss. Bei Gesprächen aber lernte ich ebenso rasch, mich mit
dem anderen Kölsch zurückzuhalten. Nach dem ersten Wort
hieß es nämlich sofort: „Loß et sin, du kannst et nit!" Meistens
folgte auch noch der Zusatz: „Und du lierst et och nie!"
Ein wenig kränkend fand ich das schon, wo ich mir so viel Mühe
gegeben hatte. Ich war ins Hännesche gegangen, sooft ich an
Eintrittskarten kam. Ich hatte Blootwoosch sagen geübt, bis ich
lernte, dass man statt Blootwoosch auch einfach Flöns sagen
kann. Ich war zuletzt sogar imstande, noch vor jenen „Ich liere
dat nie!" zu sagen. Doch selbst diese meine ehrliche Selbstkritik
war und blieb verlorene Liebesmüh'. Inzwischen durchschaue
ich auch den wahren Grund. Als „Imi in Köln" habe ich sogar
schon einmal versucht, ihn mit einem Vergleich zu erklären.
Mein Englisch ist viel schlechter als mein Kölsch. Trotzdem
komme ich in Großbritannien mit den Leuten sprachlich bese-

hen viel besser klar. Denn die Briten sind höfliche Leute (wenn sie nicht gerade als Hooligans unterwegs oder als Urlauber auf Mallorca sind). Sie freuen sich, dass man sich in ihrer Sprache versucht, der einzigen, die sie selbst beherrschen. „Where did you learn your excellent English?" fragen sie deshalb jeden Besucher, auch wenn der noch so schlimm radebrecht. Angelsachsen sind auch praktisch denkende Leute. Englisch dient für sie in erster Linie der Verständigung. Es wird als Weltsprache überall gesprochen, auch wenn man es dann oft schwer versteht.

Kölsch dagegen dient den Kölnern vor allem zum eigenen Selbstverständnis. Es ist ihr zweites Alleinstellungsmerkmal – und weitaus persönlicher als der Dom. Auch wenn sie den Dom „en Kölle loße", ihr Dialekt begleitet sie überall hin, ungesungen oder, noch lieber, gesungen. Darauf muss man sich einstellen, wenn man mit ihnen klarkommen will.

Ihr Gesang erinnert nicht selten an das Pfeifen des kleinen Jungen im Walde. So selbstbewusst sie sich nämlich nach außen hin geben, ihre Identität ist nicht so gefestigt, wie sie anderen gegenüber gerne tun, im Karneval, auf Kegeltour oder im Urlaub auf den Kanaren.

Zu viele Heer- und Völkerscharen sind im Lauf der Jahrhunderte durchgezogen. Die Franzosen haben ihre Häuser durchkämmt und durchnummeriert. Die Preußen haben mit ihnen ihr strenges Reglement durchexerziert. Die kleine Insel der Kölschseligen, die diesen Reigen überstanden, wird jetzt ununterbrochen umbrandet von unkölnischen Idiomen aus dem Vorgebirge und der Eifel, aus dem Bergischen und vom Niederrhein. Sie wird zudem vom Neudeutsch aus dem Fernsehen überflutet und durch die Unsprache der Werbung unterspült.

Darum kämpft eine eigens hierzu gegründete Akademie jetzt unablässig för uns kölsche Sproch. Darum kämpfen Sprachschützer so beharrlich gegen deren vermeintlich größten Feind, die englische Krankheit, auch Anglizismen genannt. Das Misstrauen des von Feinden umringten Kölners gegen alles Fremde tritt besonders selbstbewusst dort in Erscheinung, wo es ihm überflüssig scheint, also auf seinem ureigensten Terrain. Das Verdikt erfolgt weder aus Hass noch aus Neid, sondern aus kühlem Kalkül heraus: „Su jet bruche mer he nit!"

*Tünnes und Schäl stehen am Rheinufer und sehen seelenruhig einem Menschen zu, der von der Strömung an ihnen vorbeigetrieben wird und offenbar mit letzter Kraft einmal „Help!" rufen kann und noch einmal „Help!"*
*Da stößt der Schäl den Tünnes an: „Dä hätt och besser schwemme jeliert statt Englisch!"*

Tatsächlich kommt dem Kölner dieser latent bildungsfeindliche Witz sehr gelegen. Er hilft ihm, seine Schwächen zu kaschieren. Mancher Schüler lernt nur drei Brocken Englisch, weil er sicher glaubt, damit durchzukommen. Wie oft hört man nicht nach Klassenfahrten: „Ben ich prima met zurääch jekumme!" Mancher lernt auch nie richtig Deutsch, weil er fest überzeugt ist, es schon zu können. Wie oft habe ich mir von Kölnern den Satz angehört: „Isch schpresche kein Kölsch!"
Der Witz erlaubt ihm, Stärke zu zeigen, ohne viel dazu tun zu müssen. Richtig Kölsch kann schließlich nur er, können nur die echten Kölner. Und selbst die streiten sich darüber, wo das reinste Kölsch zu Hause ist, im Vringsveedel oder am Eigelstein, in Zollstock oder in Ehrenfeld. Aber das hatten wir ja schon.

Vielen ist ihr Veedel, ihr Vorort nämlich fast genauso lieb wie ihre Heimatstadt insgesamt. Das belegen nicht nur die zahllosen gesellschaftlichen Aktivitäten, die in den Dienstagsumzügen gipfeln. Das demonstriert auch der Karnevalsredner Guido Cantz, wenn er in Köln auf die Bühne kommt, als ganz netter junger Mann von nebenan. Er benötigt keinen Dialekt, um zu zeigen, wo er her ist. Wie Leistungssportler die Namen ihrer Sponsoren auf dem Trikot tragen, trägt er den Namen seines Vororts auf dem T-Shirt. Voller Stolz enthüllt er ihn: PORZ. Und er kann es sich leisten!

Als imitierter Kölner, das heißt Zugereister oder, wie der Allgäuer sagt: Reu'g'schmeckter, halte ich mich auch nach fünfzig Jahren mit Dialektproben lieber ebenfalls zurück. Ich will die Kölschen nicht unnötig reizen, nicht dass sie mich noch als Pimok betrachten (laut Adam Wrede ein Ortsfremder, meist aus dem Osten, der durch Sprache, Gebaren und Haltung unangenehm auffällt und fremdes Wesen den Eingesessenen gegenüber zeigt – oder, verallgemeinert, ein erbärmlicher, schuftiger Kerl).

Der Unterschied ist relativ leicht zu erklären. Der Pimok bleibt stur, was er war, als er kam. Er tut sich damit groß. Er gibt damit an. Er macht keinerlei Abstriche, fügt sich nicht ein, lässt nicht mit sich reden, spielt einfach nicht mit. Nicht leicht zu begreifen in einer Stadt, in der mitzuspielen als die Hauptregel gilt bei einem Spiel, das sich Klüngel nennt.

Vor dem Hintergrund jüngster Zuwanderungsdebatten sind Imis dagegen wahre Muster-Assimilanten. Sie wurden nicht selten, oft in kürzester Zeit, die besseren Kirchenkenner und Krätzchensänger, die allerbegeistertsten Klüngelanten. Und manche bereicherten sogar die Stadt, anstatt sich nur an ihr zu bereichern.

Gut, das Lied „Sag ens Blootwoosch" schrieb noch ein Kölner. Wer war es? Richtig: Karl Berbuer, ein gelernter Bäcker aus Bayenthal. Doch wie wäre es mit einem kleinen Quiz?

Wer war der Imi aus den schottischen Highlands, der den Ruf der Stadt als Hochburg der Gelehrsamkeit begründete und dessen ihr Image förderndes Wirken in der schmeichelhaften Behauptung gipfelte: „Wer Köln nicht gesehen hat, hat die Welt nicht gesehen!"?

Wer war der andere Imi aus Schwaben, der die Lehrstätte begründete, aus der später die Kölner Uni wurde?

Wer war der Imi aus Italien, der bei ihm studierte und noch heute als der größte Gelehrte des christlichen Mittelalters gilt?

Wer war der Imi vom Bodensee, der die Kölner Malschule ins Leben rief?

Wer war der zweite Imi italienischer Herkunft, der mit Kölnisch Wasser ankämpfte gegen den Mief, über den sich der reisende Engländer Samuel Coleridge in wenig romantischen Versen ausließ?

Wer war der Imi mit französischem Namen, der das Kölner Verlagshaus gründete, unter dessen Dach angeblich auch die schon mehrfach erwähnten Journalisten arbeiteten, die inzwischen aus berufsfremden Gründen einen laufenden Witz darstellen?

Der Kölner Rathausturm ist voll von solchen erfolgreich Assimilierten. Und nicht nur von dort oben sehen diese Assimilierten teils hochmütig und teils mitleidsvoll herab auf all jene, die das Pech haben, erst nach ihnen an den Rhein zu kommen, und die Dreistigkeit besitzen, sich mit ihnen auf eine Stufe stellen zu wollen.

*Der Tünnes wird in der Altstadt von Touristen angespro-*
*chen: „Sagen Sie, wenn wir da runtergehen, dann fließt da*
*unten doch der Rhein?"*
*„Sicher dat", erwidert der Tünnes. „ävver der flüss do och,*
*wann ehr nit erunder jaht!"*

Wie die namhafte Liste der Aufsteiger zeigt, ist das Herunter-
schauen auf andere keineswegs nur das Privileg von Königen,
Rittern und anderen edlen Herrschaften, die sich entsprechend
hohe Warten und Zinnen, Sockel und Rösser erlauben können.
Es kommt durchaus vor, dass in Hütten verachtungsvoll auf Pa-
läste herab gesehen wird, noch öfter aber von großen Gütern
im Tal auf armselige Bergbauernhöfe.
Es können sich auch ganz kleine Moralisten über große Sünder
erheben oder ganz kleine Sünder über große Pharisäer oder
ganz kleine Pharisäer über ganz große Heuchler. Der Varianten
und des Hin und Her zwischen einzelnen Wettbewerbsteilneh-
mern, zwischen Klubs, Vereinen und Verbänden, zwischen
Glaubensgemeinschaften und Parteien, zwischen kassenärzt-
lichen Vereinigungen, aber auch zwischen Landstrichen und
Landsmannschaften, Städten, Ländern und Nationen ist nie
ein Ende.
Wichtig für das Zustandekommen eines überheblichen Witzes
ist, dass die jeweiligen Kontrahenten sich nie wirklich auf Augenhöhe begegnen. Entscheidend für die zündende Pointe ist:
Einer muss, wie bei so vielem am Ende, hier von vornherein der
Dumme sein.

*2000 Düsseldorfer wurden von Meinungsforschern befragt:*
*Sind Düsseldorfer dumm?*

*Jeweils fünfzehn Prozent der Befragten antworteten mit „Ja"*
*oder „Weiß nicht". Siebzig Prozent der Testpersonen hatten*
*die Frage nicht verstanden.*

Der Witzerzähler muss dementsprechend deutlich den Überlegenen spielen. Er müsste sonst eine weitaus höhere Erwartung wecken, damit bei deren Enttäuschung die nötige Fallhöhe gewährleistet ist. Wichtig ist ferner, dass er und sein Opfer dennoch nicht allzu weit auseinanderliegen. Er müsste sonst vorher zuviel erklären, damit am Schluss gelacht werden kann. Wenn es bei den beliebten Frage-und-Antwort-Spielen um einzelne Personen geht, müssen diese zueinander in Beziehung stehen, in welcher auch immer. Bei Dörfern, Städten, Ländern und Nationen wird es sich meistens um den Nachbarn drehen. Um dumme Bayern, dumme Ostfriesen, dumme Österreicher, dumme Belgier. Der Überheblichkeit sind keine Grenzen gesetzt.

*Frage: Wie bringt man einen Belgier zur Verzweiflung?*
*Antwort: Ganz einfach. Man sperrt ihn in einen runden*
*Raum und sagt: „In der Ecke ist die Tüte mit den Fritten!"*
*Frage: Warum haben die Österreicher als Landesfarben Rot-*
*Weiß-Rot?*
*Antwort: Damit sie ihre Flagge nicht verkehrt herum hissen.*
*Frage: Warum fliegen in Ostfriesland die Möwen auf dem*
*Rücken?*
*Antwort: Damit sie das Elend da unten nicht sehen.*
*Frage: Warum fehlt hier ein entsprechender Witz über die*
*Bayern?*
*Antwort: Was heißt Witz? Alles ist wahr.*

Die Bajuwaren stehen da drüber. Die Friesen stehen sogar im Verdacht, sie hätten selbst als erste auf Ostfriesland frisierte Witze in einer Regionalzeitung untergebracht und dadurch, dass die ganze Republik über sie lachte, die Region unter Touristen erst bekannt gemacht. Vielleicht trifft es darum, wenn zwei sich erheitern, oft ganz unverhofft einen dritten.

*Frage: Warum ziehen die Ostfriesen nicht nach Hannover?*
*Antwort: So blöde sind sie auch wieder nicht!*

All diese einander ähnelnden Witze mit geografischem Bezug verfolgen nur ein simples Ziel. Um Überlegenheit zu beweisen, versuchen sie andere herabzusetzen. Darin liegt ihre Überheblichkeit. Der Zweck heiligt notfalls sogar das Mittel, sich dümmer zu stellen, als jene sind.

Da wir dieses Kapitel am schönen Rhein und mit Düsseldorf begonnen haben, wollen wir es auch mit Düsseldorf schließen. Düsseldorf war anders als Köln Residenz. Düsseldorf ist anders als Köln Landeshauptstadt. Düsseldorf hat anders als Köln eine Kö und anders als Köln eine Kunstakademie. Der Kölner verspürt ganz und gar keine Lust, sich ernsthaft dem Städtevergleich zu stellen. Also stellt auch der Tünnes im Witz sich dumm. Und ein Besucher aus Düsseldorf fällt in all seiner Schlauheit auch prompt drauf herein.

*Der Tünnes sagt in einer Kneipe zum Wirt: „Schreib mal eine Lokalrunde Kölsch auf – bei mich!"*
*Der Düsseldorfer kommt sich schlau vor und verbessert: „Bei mir!"*
*Zack! Schon hat er die Runde auf seinem Deckel.*

# Der gewagte Witz

Herrenwitze lernte ich in den frühen fünfziger Jahren kennen, als ich frisch in Köln und gerade alt genug war, um sie zu verstehen. Das war kurz bevor von offiziellen Brauchtumsbewahrern und offiziösen Sittenhütern die närrische Reinheitsparole ausgegeben wurde: „Von Zoten frei die Narretei!" Eine Parole, die sich zwar sauber reimte, aber dennoch Raum für Ungereimtheiten enthielt, da sie sowieso nur für den öffentlich einsehbaren Bereich des närrischen Vergnügens galt.

*„Ich dulde keine Schweinereien in der Bütt!" sagte der
Sitzungspräsident.
Wir gingen mit ihm nach Hause.*

Die karnevalistische Szene blieb keineswegs frei von Skandalen, über die allerdings außerhalb Kölns mehr zu hören und zu lesen war als in der närrischen Hochburg selbst. Man kennt sich, man hilft sich! Der allseits bekannte und vielfach bewährte Adenauerspruch half so manchem hoppe, hoppe Reiter aus dem Graben, bevor ihn vollends die Raben fraßen. Über die Pferdchen, die da quer Bett geritten worden waren, wurde dank gegenseitiger Hilfe wenig bekannt.

Trotz derart exklusiver Vergnügungen in gehobenen Narrenkreisen war und ist der Karneval in Köln zuvörderst ein Volksvergnügen. Er läuft auch schon deshalb immer Gefahr, über die Stränge zu schlagen, wenn nicht ein die Feste ordnendes Komitee dagegenhält, soweit ihm die Kraft und die Zeit dafür bleiben. Diese Auffassung hatten schon die Preußen anno 1823 vertreten und durch gesittete Bürgerkreise in die närrische Tat umsetzen lassen.

Derselben Ansicht waren auch die Vereinsoberen, die während der Adenauerära in den Sälen freiwillige Sexkontrolle übten, als säßen ihnen die Preußen noch immer im Nacken. Doch vielen genügte es damals wohl schon, katholisch oder einfach spießig genug zu sein, um am offenen Umgang mit dem Thema Sex Anstoß zu nehmen. Schließlich lief in denselben Jahren auch ein gewisser Pfarrer Klinkhammer wie närrisch Sturm gegen den Film *Die Sünderin*. Frömmlern passte die ganze Richtung nicht. Vordergründig aber galt die Empörung einer einzigen Nacktszene mit der jungen Hildegard Knef als Aktmodell. Und als sich ein Tanzmariechen, wohlgebaut und wohlgemerkt außerhalb seines Tanzkorps, oben ohne ablichten ließ, war es die längste Zeit Mariechen gewesen.

Herrenwitze, das waren Witze, die ein Herr in Anwesenheit von Damen nicht erzählte. Die entsprechenden Damenwitze gab es erst gar nicht. Der Herrenwitz stammte aus einer Zeit, als es auch noch Herrenzimmer gab, in die man sich nach dem Essen zurückzog. Dort wurden Zigarren und Schnäpse gereicht und besagte Witze aufgetischt. Oder die Herren wurden ernst und sprachen über Verbindungen. Die Damen nebenan blieben heiter, aber über Binden sprachen sie nicht. Die Emanzipation steckte auch auf diesem Gebiet noch hoffnungslos in den Anfängen. Selbst im Kabarett konnten Besucherinnen von den späteren Witzen der Missfits nur träumen.

Herrenwitze waren der Hauptbestandteil von Reden, die auf Herrensitzungen gehalten wurden, und die Reden waren die Säulen des Programms. Es gingen nicht immer andere Redner aufs Podium oder in die Bütt als auf den Sitzungen mit Damen. Aber wenn es dieselben waren, dann hatten sie, wie beispielsweise Max Mauel, zweierlei Reden; die eine Schonkost, die andere gepfeffert.

Herrenreden waren wieder etwas anderes; sie sind mittlerweile so gut wie ausgestorben. Zu diesen Reden stieg auf einer Sitzung auch schon mal ein besserer Herr in die Bütt, um den Kölnern nicht von oben herab, sondern von Narr zu Narr zu begegnen. Es war durchaus karnevalistischer Brauch, dass selbst der Oberbürgermeister sich zu einer solchen Rede herabließ. Ich selbst habe noch mit Vergnügen Theo Burauen, genannt „der Döres", erlebt. Wie der Name Herrensitzung schon sagt, gingen zu diesen Sitzungen nur Herren, gut angezogen wie zum Frühschoppen nach dem sonntäglichen Kirchgang. Der Spaß fing auch um dieselbe Uhrzeit an. Wer auf die grauenhaften Kalten Enten und andere Getränke, die während der Veranstaltung ausgeschenkt wurden, noch nicht geeicht war und sich damit nicht in Acht nahm, der schwankte nach Stunden ganz benommen hinaus ins noch helle Licht des Nachmittags.

Vorher, im Saal, geht es meistens um das eine, und das Gelächter geht fast immer auf Kosten des anderen Geschlechts. Bestenfalls ist die Frau in dem Witz genauso auf das Thema Numero eins fixiert wie die Herren im Saal.

*Eine Dame rennt nach der Sprechstunde aufgeregt noch*
*einmal zurück zum Gynäkologen: „Verzeihung, aber habe*
*ich hier zufällig meinen Slip liegen gelassen?"*
*„Nicht dass ich wüsste!" erwidert der.*
*Darauf die Frau, schon im Weiterrennen: „Hm, dann beim*
*Dentisten!"*

Die Pointe zielt klar unter die Gürtellinie. Aber – der Kölner
veräppelt seine Mitmenschen auch gern. Und dabei macht er,
wenn einmal nur Männer als Opfer zur Verfügung stehen, auch
vor denen nicht Halt. Bei vielen Witzen, die zumindest männ-
liche Gedanken sofort in die eine Richtung lenken, ist deshalb
die kunstvoll erzeugte Erwartung größer als das, was tatsächlich
passiert. Selbst innerhalb des Witzes ist das Wunschbild mäch-
tiger als die real existierende Welt.

*„Mensch, Tünnes, wie beste dann an dä dollen Schlitten*
*jekumme?" fragt der Schäl, als sein Freund in einem*
*schicken offenen Cabrio vorfährt.*
*„In Paris!" sagt der Tünnes. „Ich spazeere janz ahnungslos*
*die Schampseliseh elans. Da bremst op einmal ne janz dolle*
*Schoss met singem Wagen akkurat nevven mir und sät: Steig*
*in, du kannst von mir alles haben!"*
*„Un dann?" will der Schäl wissen.*
*„Wat heiß – un dann? Dann han ich der Wagen*
*jenomme!"*

Der Witz beweist, dass der Kölner zumindest in seinen Träumen
alles für erreichbar hält. Zugleich lehrt die kostbare Beute unseres
Witzboldes aber auch, dass er bei allen Wunschphantasien nie

ganz den Boden der Realität unter den Füßen verliert. Wie er an etwas drankommt, das ist ihm weniger wichtig, als was für ihn dabei herumkommt. Und so ist ihm der Wagenschlüssel in der Hand letzten Endes mehr wert als das, was der Zuhörer sich bei dem Stichwort Paris erwartet und erträumt. Nein, so ganz wertvergessen und weltfremd ist der Kölner nicht. Auch wenn er sich auf das schnelle Glück versessen einen Kick verschafft, verliert er doch nie die möglichen Nebenwirkungen und Risiken aus den Augen.

„Du kannst alles von mir haben!" Das ist aus zartem Frauenmund eine viel versprechende Redewendung. Sie lenkt die Erwartung automatisch in Richtung Bett. Aber nicht nur der Zuhörer erwartet danach „nur das eine". Auch die handelnde Figur wird zur Witzfigur, gerade dadurch, dass ihre Erwartungen ausschließlich auf dieses „eine" gerichtet sind. Darauf zielt wiederum der Witz. Denn außer mit massiven Tabubrüchen lassen sich gute Pointen am elegantesten dadurch erreichen, dass man Erwartungen zunichte macht.

Von Seiten der Frau mit dem tollen Schlitten ist die erotische Zielsetzung klar. Ihre Worte stellen ein eindeutiges Angebot dar. Der Tünnes dagegen, als gelernter Kölner, vergisst bei aller prickelnden Erwartung nicht den Blick auf das Materielle. Also legt er die Offerte als doppelsinnig aus. Mit dualistischem Scharfsinn stellt er fest, dass sich alles, was er haben kann, durchaus auf etwas anderes beziehen lässt als darauf, was die Dame damit bezweckt. Eine Frau mit Wagen sagt zu Tünnes: „Tünnes, du kannst alles von mir haben." Da sagt Tünnes sich schlau: „Eine Frau ist nicht alles!"

In den meisten anderen Fällen dreht sich alles um die Frau.

*Zwei Lokalreporter gehen an einer Kneipe vorbei.*
*„Da wor ich ens op Recherch", sagt der eine. „De Weets-*
*dochter, heiß et, soll janz doll sin em Bett."*
*„Wat heiß: heiß et? Von wem wellst do dat dann wesse?"*
*fragt der andere.*
*„Ming Informante gevven ich nit preis!"*

Allerdings kriegt keineswegs immer nur die Frau ihr Fett weg.
Manchmal ist die Frau zwar eine Traumfrau und bleibt auch
die Traumfrau. Aber dann zerplatzt der schöne Traum und der
Mann ist der Dumme.

*Der Tünnes hat unterwegs einmal mehr eine viel verspre-*
*chende Bekanntschaft gemacht. Toller Schuss, erzählt er dem*
*Schäl. Die Dame ist schön, die Limousine ist riesig. Die*
*Villa ist atemberaubend möbliert. Tünnes wird ohne*
*Umschweife in ein elegantes Boudoir geleitet und gebeten,*
*sich schon einmal auszuziehen.*
*„Un?" fragt der Schäl erwartungsvoll.*
*„Han ich jedon!" antwortet der Tünnes.*
*„Janz?"*
*„Sicher dat!"*
*„Un dann?"*
*„Wie ich puddelnackich do ston, jeit op einmal de Dör*
*widder op, der Schuss kütt eren met nem kleine Jung an der*
*Hand un sät: ‚So sühs do eines Dachs och us, wann du*
*dingen Spinat nit iss!'"*

Auch hier werden gleich zweifach Erwartungen enttäuscht. Tünnes erhofft sich ein Liebesabenteuer, und die Zuhörer fiebern

nach nackten Details. Doch selbst wenn beide um beides betrogen werden, eine Pointe schätzen sie schließlich auch. Tünnes wird von seinem Reinfall erzählen und sich mit dem Lacherfolg darüber trösten. Und die Zuhörer werden sich an seinem Reinfall vergnügen und sich mit dem Gelächter begnügen. Denn man kann Witze über alles Mögliche machen, ganz ohne Reinfälle geht es nicht ab.

*„Wie sühs do dann us?" fragt der Schäl den Tünnes, als der bleich und übernächtigt beim Frühstück im Hotel erscheint. „Froch mich nit!" murmelt der schwach. „Ich han die janz Naach kein Aug zojemaht."*
*„Wie kom dat dann?"*
*„En Blondine hät stungelang jegen ming Dör jehämmert!"*
*Der Schäl versteht das Problem nich ganz. „Woröm häste se dann nit eren jeloße?*
*„Wer spricht vun eren loße? Die wollt erus!"*

Doch ob es nun der Herr ist, der hereinfällt, oder die Dame, oder ob es – wie bei diesem frustrierenden nächtlichen Vorfall – womöglich alle beide erwischt, in feuchtfröhlicher Herrenwitzrunde landet man zusammen mit ihnen immer noch eine Schublade tiefer.

Ich hatte von den Witzen eines Großpapas, der aus einer besonders prüden Zeit übrig geblieben war, in Sachen Aufklärung nicht viel zu erwarten. Mir ist aus seinem Mund auch nur ein anzüglicher Witz erinnerlich. Selbst der zielt nicht direkt auf den Unterleib, aber immerhin auf Damenunterwäsche und scheint lange auf die Befriedigung aller Erwartungen hinzusteuern, bis er stattdessen in Gelächter mündet. Er beginnt damit, dass Tünnes schon ziemlich lange in Ensen im Irrenhaus sitzt (wie man Nervenheilanstalten damals noch ohne Umschweife nannte).

*Tünnes gilt als gefährlich für seine Umgebung, seit er seinen Mitmenschen ständig mit einem Flitscher eins überbrennt. Nach einem Jahr Behandlung in der geschlossenen Anstalt wird er vor eine Kommission gerufen. Sie will prüfen, ob er seine fixe Idee inzwischen los ist, so dass an Entlassung gedacht werden kann.*

*„Nun, mein lieber Tünnes", spricht ihn der vorsitzende Medizinalrat an, „wenn wir Sie morgen als geheilt entlassen, was machen Sie dann?"*

*Der Tünnes, strahlend: „Dann machen ich mir en Flitsch."*

*Das war es dann erst einmal, für ein weiteres Jahr. Danach dieselbe Kommission, dieselbe Frage, dieselbe Antwort. So geht das Jahre, nur der vorsitzende Medizinalrat hat inzwischen gewechselt. Auch der Wärter in seiner Abteilung ist neu. Er gibt ihm eines Tages den Rat: „Wann do dir för et nöchste Mol nix anderes enfallen ließ, küss du he em Levve nit mih erus!"*

*Wieder steht Tünnes vor der Kommission, wieder kommt dieselbe Frage wie seit Jahren: „Wenn wir Sie morgen als geheilt entlassen, was machen Sie dann?"*

*„Dann", sagt der Tünnes, diesmal ohne zu strahlen, „dann bestellen ich mer eschtens en Tax."*

*„Wozu denn ein Taxi?" Die Kommission horcht auf.*

*„… un dann, dann fahre ich in die Stadt!"*

*„Ah ja!" Die Kommission glaubt, sie hört nicht recht.*

*„Un dann jon ich shoppen nom Peek und Cloppenburg und dann trecken ich todschicke Klamotten an!"*

*„Un wigger – äh, weiter?" ermuntert ihn der Vorsitzende der Kommission.*

*„Dann jonn ich in der Stadtwald spazeere!"*

*„Spazeere!" echot die Kommission.*

*„Un dann warte ich, bis ich e lecker Mädche sinn, un dann …"*

*Die Kommission:. „… und dann?"*

*„… dann lachen ich mer dat Mädche an."*

*„Interessant!"*

*„Eja", grinst Tünnes, „un wenn mer dann e schön still Plätzche jefungen han, dann losse mer uns em jröne Jras nidder und dann trecken ich dat Mädche us!"*

*Die Kommission beugt sich vor: „Und dann?"*

*„Dann hät dat Mädchen doch e Bötzje an, und an dem Bötzje es ne Jummi dran, und dann", strahlt der Tünnes, „dann mach ich mir doch en Flitsch!"*

Während die Kommissionsmitglieder mehr nach pikanten Einzelheiten von dem geplanten Ausflug als nach dem gesundheitlichen Gesamtbild ihres verrückten Patienten gieren, macht dieser ihnen in aller Unschuld deutlich, dass der Kölner auch anders kann. Sein Vergnügen daran ist geradezu kindlich. Es bringt dem Kind im Manne auch mehr als dem Mann.

Andere sind noch Kinder, geben aber schon wie die Großen an. Bei vielen Witzen, die auf Schulhöfen kursieren, genügt ein Wort, um den Tabubruch, den Schock, den Witz und schließlich den Lacher perfekt zu machen. Doch selbst wenn es ausnahmsweise nicht einmal indirekt um das Eine geht, wird der Kölner gern direkt und wählt eine deftige Ausdrucksweise. Alles, was unter Städtern Anstoß erregen könnte, legt er Kappesbooren und Vorgebirgsbäuerinnen in den Mund. Alles, was innerhalb der Stadtmauern als zu anrüchig erscheinen würde, verlagert er aufs platte Land.

*Auf dem Bauernhof herrscht geschäftiges Treiben. Der Bauer repariert an seinem Traktor herum. Die Bäuerin füttert die Hühner. Und die Oma hat sich in das Häuschen mit dem Herzchen verdrückt. Da explodiert mit einem Mal der Traktor. Die Hühner flattern in die Luft. Das ganze Häuschen fliegt in die Luft. Auch die Oma segelt durch die Luft, landet im Apfelbaum und kreischt: „Dat wor et letzte Mol, dat ich bem Aldi de bellije decke Bunne jekauf han!"*

Dieser Witz war ursprünglich gar kein Witz. Professor Lützeler stellt ihn als wahres Geschehen während des Krieges dar. Schäng heißt bei ihm der Mann auf dem Lokus, der nicht mehr rechtzeitig „abziehen" kann, als in Köln und Umgebung die Bomben fallen. Allerdings hat er damals auch noch nicht die dicken Bohnen von Aldi intus, ein Gericht, dem die Oma in der späteren Witzversion die Schuld für die Wucht der Entladung gibt. Umso mehr muss er sich wundern, „dat dat su en Wirkung hät".

Der witzige Effekt des Vorgangs ergibt sich hier noch zwangsläufig aus dem krachenden Missverhältnis zwischen den – wodurch auch immer gestärkten – Leibeskräften eines Menschen und der Sprengkraft einer Fliegerbombe. Selbstverständlich erkennt keiner besser als Schäng diesen himmelweiten Unterschied. Sich eine solche Wirkung zuzuschreiben, wäre angesichts der Bombenschäden selbst für einen zweiten Baron Münchhausen ein ziemlich gewagtes Unterfangen. Es scheint aber ebenso gewagt, in seiner Lage diesen Scherz aufzutischen, statt schnellstmöglich die Hose hoch- und in den nächsten Luftschutzkeller abzuziehen.

Aber Schäng macht den Scherz ja gar nicht für andere. Indem er sich in der größten Not auf seine persönliche Notdurft besinnt, besiegt er damit vor allem die Angst. Wenn er schon auf das Weltgeschehen nicht groß Einfluss nehmen kann, will er zumindest dagegen halten. Er tut dies mit künstlich übertriebenem Stolz auf seine nun wahrlich nicht weltbewegende persönliche Großtat. Für gewöhnlich heißt so etwas Galgenhumor.

Der Witz funktioniert erstaunlicherweise auch jetzt noch, sechzig Jahre nach Ende des Krieges. Nur erhält die Pointe ihre Sprengkraft jetzt nicht mehr in einer Gefahrenzone. Sie zielt ungeniert in den Analbereich, den Tünnes und Schäl vormals allenfalls streiften. Jetzt, in Friedenszeiten, ist es auch keine Fliegerbombe mehr, die explodiert. Aber es gibt genügend Dinge, die der Bauer um die Ohren kriegen kann. Und die Hülsenfrüchte, denen die Oma abschwört, gibt es in jedem Supermarkt.

Die Annalen des Witzes sind voll des Analen! Wir wagen hiermit diesen Kalauer, den bauernschlauere Wortschöpfer wohl sporenstreichs als Aphorismus an den Mann (und warum inzwischen nicht auch an die Frau!) brächten. Dann aber meiden wir diese Bereiche und wenden uns zum Schluss des Kapitels lieber wieder dem Primären zu – wobei wir der beteiligten Personen wegen, als da sind ein Landpfarrer, ein Bauernjunge sowie ein Stier, noch kurz auf dem Land verweilen wollen.

Auch hier nimmt man unveränderliche Dinge gelassen und auf die Kölner Art. Das heißt: so, wie sie nun einmal sind. So viel haben Köln und Köln-Land gemeinsam. Nur bleibt man vielleicht noch etwas mehr am Boden und ist vielleicht noch ein bisschen weniger geneigt, aus jedem misslungenen Höhenflug eine eigene Philosophie zu machen.

*Auf der Dorfstraße zerrt ein kleiner Junge unter Aufbietung aller Kräfte einen Bullen hinter sich her. Der Pastor sieht das mit Sorge und fragt den Jungen: „Mein Sohn, wo musst du denn hin mit dem Stier?"*

*„Zom Decke!" sagt der Junge, indem er sich mit einem Handrücken den Schweiß abwischt.*

*„Kann das denn nicht dein Vater besorgen?"*

*„Enä!" schütteld der Junge energisch den Kopf. „Bei uns mät su jet immer noch der Stier!"*

# Der verhunzte Witz

Man kann sich nicht dagegen schützen, ein und denselben Witz zweimal erzählt zu bekommen. Zwar tarnen sich die Wiederholungstäter, beispielsweise mit der Frage: „Kennen Sie schon den Witz mit den zwei Journalisten?" Das kleine Wörtchen „schon" soll dabei den Eindruck erwecken, als ob der Witz noch einen Neuwert besäße. Aber da es fast immer mehr als einen Witz über dieses und jenes gibt, in unserem Fall über Journalisten, lässt sich die an sich einfache Frage selten einfach mit „Ja" beantworten. Die sich daraus ergebende Gegenfrage „Welchen denn?" löst wiederum sofort die Wiederholung des Witzes in voller Länge aus. Und nicht jeder ist von einer derart gnädigen Kürze, wie es der Scherz mit den zwei Journalisten war.

Es war bereits von der Gefahr die Rede, den falschen Witz am falschen Ort zum falschen Zeitpunkt weiterzugeben. Hier nun dreht es sich mehr um die Frage, wie man sie möglichst schonend erzählt. Besonders rücksichtsvolle oder besonders schüchterne Erzähler wollen ihren Zuhörern unnötiges Leiden ersparen. Um ganz sicherzugehen, dass sie sie nicht durch Doubletten ermüden, fragen sie vorher lieber gleich:

*„Kennt ihr schon den Witz von den zwei Journalisten, die
an einer Kneipe vorübergehen?"*

Der Witz ist verdorben, bevor er beginnt. Hier wäre also zwecks
rascher Entsorgung ein entschiedenes „Ja!" angebracht. Meist
rührt die Zuhörer aber so viel Goodwill auf Seiten des Erzählers
viel zu sehr, als dass sie ihn nicht gewähren und die Pointe über
sich ergehen ließen – falls sie nach einer so verkorksten Einleitung
noch eine ist.
Andere Verhunzer schaffen es, den Witz bis zur Unkenntlichkeit
zu verwandeln und dann auch noch die Pointe zu vermasseln.
Beim so genannten Witz im Witz ist das sogar die eigentliche
Pointe. Der Held, wenn man bei solchen Figuren überhaupt
von Helden sprechen will, der Held im Witz macht den Witz
selbst kaputt, indem er ihn falsch weitererzählt. Es bedarf dazu
weder eines Kölner Helden noch besonderer kölscher Talente.
Wozu gäbe es einen Graf Bobby? Der hätte bestimmt auch den
vorigen Witz beim Erzählen gleich noch einmal verdorben:

*„Sagts amol, kennts ihr den Witz von den zwei Journalisten,
die wo in ein Beisel gengan?"*

Als ich den folgenden Witz in einer Wiener Fassung zum ersten
Mal hörte, war er jedenfalls auch schon ganz schön kaputt.

*Graf Bobby ist berühmt für seine Witze. Nicht weil sie so gut
sind, sondern weil er jeden Tag einen neuen mitbringt, wenn
er ins Casino kommt. Das Dumme ist, dass er nie einen
neuen weiß. Also lässt er sich vorher beim Rasieren von
seinem Friseur rasch noch einen erzählen.*

*Diesmal fällt dem Friseur aber auch keiner ein.*

*„Geh'n S', irgendeinen ham S' doch wohl noch in Reserve!"*

*„Also gut!" Der Friseur greift in die Kitteltasche, holt eine Kaffeebohne heraus, (die Bohne im Friseurkittel lässt den Schluss zu: Er erzählt den Witz nicht zum ersten Mal) legt sie sorgfältig auf den Waschbeckenrand und zerteilt sie mit dem Rasiermesser. Dann zeigt er auf die zwei Teile: „Was ist das?"*

*Graf Bobby schüttelt den Kopf: „Keine Ahnung!"*

*„Na, ganz einfach: Bona-parte!"*

*„Hervorragend! Bona! Fabelhaft! Parte! Phänomenaler Witz!" Der Graf ist begeistert: „Den merke ich mir!"*

*Im Kasino warten schon alle. Das Essen wird serviert. Es gibt Leipziger Allerlei, keine Bohnen. Also legt sich Graf Bobby auf dem Tellerrand sorgfältig eine Erbse zurecht und halbiert sie mit dem Messer. „Was ist das?"*

*Die Tafelrunde schweigt konsterniert.*

*Drauf Graf Bobby triumphierend: „Na, ganz einfach, meine Herren – Napoleon!"*

Später wurde mir diese Geschichte in Köln über Tünnes und Schäl erzählt. Doch erschien der an sich schon verhunzte Witz mir in dieser Besetzung doppelt verhunzt. Es entbehrt jeder Logik, wenn jetzt der Tünnes den Schäl um einen neuen Witz angeht, den er dann ausgerechnet in der Kneipe erzählt, wo jeder längst jeden Witz von Schäl kennt, da der täglich dort an der Theke steht. Und der wäre bestimmt der allererste, der an dem Witz herummäkeln würde: „Nä, Tünn, janz ohne Logik jeht et nit!" Davon abgesehen – Tünnes und Schäl sind anders. Sie erzählen keine Witze. Sie sind der Witz.

Das absichtliche Verdrehen von Witzen ist im Übrigen ein Spaß für sich. Ich sage nur Hasso. Sie werden meinen Kölner Freund Hasso kaum kennen. Aber sicher kennen Sie seinen Lieblingswitz, der nach und nach auch mein Lieblingswitz wurde, allerdings erst durch die eigenwillige Art, in der ihn Hasso immer erzählte. Der Witz war alt und ging ursprünglich so:

*Ein Boxer sieht vom Rinnstein aus auf dem Balkon eines Hauses eine wunderschöne Schäferhündin und gesteht ihr laut bellend: „Ich liebe dich!"*
*„Ich dich och!" tönt es zärtlich von oben zurück. „Dann komm zu mir!" wedelt drunten der Boxer. Auch die Schäferhündin wedelt: „Ich kann nit, ich ben he enjeschlosse!"*
*Wieder der Boxer: „Du kanns doch höppe!"*
*Wieder die Schäferhündin: „Kann ich nit!"*
*„Un woröm nit?" will der Boxer wissen.*
*„Jläuvs do," erwidert die Schäferhündin, „ich will ussinn wie du?"*

Der Witz war, wie bereits zugegeben, nicht mehr der allerneueste. Aber mein Freund verballhornte nicht nur den Dialog der Vierbeiner. Er setzte den Boxer auf den Balkon statt der Schäferhündin, und die ließ er drunten auf der Straße wedeln. Das zumindest war neu, und irgendwie fanden das allein schon alle zum Schreien komisch. Gelegentlich wurde bei Hasso auch aus der Schäferhündin ein Spitz, und der Boxer wurde zur Schäferhündin, was einige noch komischer fanden. Und einmal waren im Eifer des Berichts sogar beide Hunde Rüden geworden, was offenbar für noch ein paar andere aus wieder anderen Gründen zum Schreien war. Hassos Hundestory wurde Kult.

*„Ihr kennt doch sicher den Witz von der Schäferhündin und
dem Boxer?"*

*„Klar doch! Ein Boxer sieht auf einem Balkon eine Schäfer-
hündin ..."*

*„Eben nicht. Das müsst ihr euch von Hasso erzählen lassen!
Ihr schreit euch weg!"*

So ging es seither von Party zu Party, von Witzrunde zu Witzrunde, von Mund zu Mund. Sich wegzuschreien, der Ausdruck
war Mode und galt paradoxerweise gerade bei denen als der
letzte Schrei, die bei jedem Vergnügen am längsten blieben.

Während unserer gemeinsamen Schuljahre hieß mein Freund
noch Hans-Otto, bis er einmal einen Schäferhund-Spitz-Mix
in Pflege bekam, der nie auf seinen Namen Hasso hörte und
dem er so lange „Sitz!" beizubringen versuchte, bis er deswegen
selbst sitzen blieb. Ein Boxer war damals zwar nicht im Spiel.
Doch Hans-Otto hatte seinen Spitznamen weg.

„Erzähl doch noch mal den Witz mit den zwei Hunden!" hieß
es seither, wo er erschien. Und so brachte mein Freund den
einen Witz immer wieder und immer wieder anders zu Gehör,
manchmal noch mit Boxer, später meistens ohne, aber jedes
Mal verkehrt herum und nie ohne anschließendes Riesen-
gelächter. Unter Witzkennern setzte dieses bellende Lachen zuweilen schon vor dem Schlusssatz ein und machte nicht nur die
sowieso verdorbene Pointe, sondern die gesamte Geschichte zunichte. Was der Heiterkeit jedoch nie Abbruch tat!

Ich glaube sogar, dass Hasso längst wusste, wo bei dieser Geschichte oben und unten war, welches Tier welcher Rasse und
welchen Geschlechts also wohin gehörte, und dass er nur wegen
des immer wiederkehrenden Lacherfolgs bei seiner komischen

Nummer mit den immer neuen Kreuzungen und Paarungen blieb. Und ich bin mir gar nicht sicher; womöglich hatte er die Hunde sogar von Anfang an vertauscht!

Vielleicht tat er es unbewusst, um sich für die durch jenen Schäferspitz erlittene schulische Schmach und den von ihm ererbten Spitznamen zu rächen? Vielleicht geschah es aber auch mit voller Absicht, um einen alten, dicken Hund von Witz, den er einst bei den Besitzern jenes Pflegetiers aufgeschnappt hatte, möglichst haarsträubend gegen den Strich zu bürsten? Womöglich war mein Freund Hasso also gar kein so schlechter Witz-Erzähler, wie es beim ersten Zuhören schien? Vielleicht war er der größte Witzbold von uns allen!

Wer in einem so witzträchtigen Umfeld wie Köln nicht der Dumme sein will, der sollte deshalb auch nicht den Allerschlauesten spielen. So viel hatte mein Freund Hasso als Imi von den Kölnern gelernt. Und so stellte er sich dümmer als die und dümmer, als er selbst war.

Nicht die schlechtesten Witze entstehen ja dadurch, dass das Erwartete nicht geschieht, dass scheinbar Unvereinbares in Verbindung gebracht wird, dass die Realität, die Kausalität, die Logik verrückt werden. Und ist nicht das Allerverrückteste ein Witz im Witz, dessen Komik erst durch doppelte Verrücktheit entsteht? Da wird, wie es so passend heißt, der Hund in der Pfanne verrückt.

Aber selbst wenn einer wie Hasso rein zufällig zu seiner Glanznummer gekommen war und nicht durch komödiantisches Kalkül – hatte er sich mit seinem kaputten Plot nicht den größeren Applaus und das treuere Publikum verdient als andere mit mühsam konstruierten Kalauern, bei denen die Pointen so todsicher kommen, wie sie anschließend die Kapelle unter ihren blechernen Tuschs begräbt?

Früher soll es im Karneval nicht nur bessere Witze gegeben haben. Es gab hundsmiserable Büttenreden eigens zu dem Zweck, dass das Publikum sie „litschen", das heißt geräuschvoll niedermachen konnte. Darin bestand der ganze Witz. Die besten Kräfte waren sich für einen solchen Auftritt nicht zu schade. Und damit er beim Publikum richtig ankam, bedurfte es ihrer auch. Sie wurden ausgebuht, ausgepfiffen und aus der Bütt und von der Bühne gejagt, ohne dass das ihrer sonstigen Beliebtheit im Sitzungskarneval Abbruch tat. Jeder im Saal hatte bald begriffen, dass es ausschließlich darum ging: Die Parodie war beabsichtigt, die Pleite geplant, die Aufhören- und Buhrufe von Anfang an gewollt. Auch jeder große Clown wurde ja seit jeher nicht nur belacht, sondern auch umjubelt, weil er den dummen August mimte und alles verkehrt machte, was ein Mensch nur verkehrt machen kann.

Irgendwann kamen klassische Litschnummern beim Publikum nicht mehr an. So wurde selbst der sonst hoch geschätzte Kölner Liedkomponist und Krätzchensänger Jupp Schmitz bei seinem Auftritt als „Hirtenknabe von St. Kathrein" erbarmungslos niedergebuht und ausgepfiffen. Das Lied wurde schlicht als schlecht, die Lederhose als abgeschmackt befunden. Erst ein späteres Publikum entdeckte das parodistische Potential, das in dem damaligen Auftritt steckte.

Genau da lag der Hund begraben, auf den der Witz in der Zwischenzeit gekommen war. Gerade an den leichthin für närrisch erklärten Tagen verdrängte der Drang nach Abwechslung die Vorliebe für das Altherbelachte, sehnte man sich nach so etwas völlig Verkehrtem, total Verrücktem. Da konnte auch eine verdrehte Geschichte gar nicht verdreht genug sein!

Ganz zuletzt brachte mein Freund Hasso sogar noch eine überraschende Pointe. Er brachte sie allerdings nicht mit zur nächsten

Fete. Stattdessen rief er an, um abzusagen, weil ihn ein Hund gebissen habe. Heute weiß ich, es war die Rache für den Witz! Mit einer wohl vorbereiteten Rede ans Mikrophon zu treten und Mist zu erzählen, dazu braucht man keine Karnevalisten mehr. Das schaffen heute Politiker ganzjährig, ohne deshalb dumm dazustehen oder gar den Rausschmiss zu riskieren. Um beim Publikum als Dummerjan anzukommen, muss man ihm schon viel dümmer kommen, ohne ebenso dämlich zu sein.

Mittlerweile habe ich auch verstanden, warum mein Freund mit seinen verdrehten Geschichten immer so große Erfolge hatte. Es lag daran, dass so, wie er sie erzählte, erkennbar er selbst der Dumme war. Die meisten sind nicht gern die Dummen. Und in ihren Geschichten sind sie oft überschlau, beim Erzählen ebenso wie beim Erzählten.

Witze lassen sich, wie schon gesagt, nicht schützen. Auch vor guten Erzählern nicht. Noch ehe ein Witz zum dritten Mal laut bekräht werden kann, ist er beim zweiten Mal bereits ein anderer geworden als der, der er beim ersten Mal war. Der Stoff, aus dem der Witz besteht, ist mit den jeweiligen Erzählelementen eine Verbindung eingegangen. Daraus hat sich eine chemische Veränderung ergeben, die oft nur dem Zuhörer bewusst wird, der den Witz von vorher in Erinnerung hat. Denn nur in den seltenen Fällen, wenn zwei sich über die Urheberschaft streiten, wird ein und derselbe Witz zur selben Zeit in beiden Versionen zu vernehmen und zu vergleichen sein, wie der Philologiestudent das bei kritischen Editionen von Klassikern vielleicht gewohnt sein mag. In einer Gesamtausgabe klassischer Witze fände sich ohnehin als häufigste Fußnote „Verfasser unbekannt".

Das Gros der Zuhörer wird den Witz in jeder Variation belachen und höchstens je nach Temperament des Erzählers als harmloser oder galliger, vergnüglicher oder düsterer, als zu vereinfacht oder zu umständlich, zu ausführlich oder zu verkürzt empfinden. Kaum eine ausgelassene Runde wartet auf den Spaßverderber, der die Veränderung analysiert und sich höchst akademisch darüber auslässt, dass die ganze Chemie nicht mehr stimmt.

Eine kritische Gesamtausgabe aller Witze kann es schon deshalb nicht geben, weil keine denkbare Zahl von Bänden sämtliche Varianten fassen kann. Außerdem leben, wie ihr Name schon sagt, Wortwitze vom lebendigen Wort, von der mündlichen Überlieferung. Witze, die man schwarz auf weiß besitzt, kann man getrost zu Hause begraben.

# Der importierte Witz

Der Dom wird nie fertig. So viel weiß in Köln jeder. Und die Kölner haben aus dieser über 760 Jahre langen Erfahrung für sich eine praktische Lehre gezogen: „Küste hück nit, küste morgen!" so lautet ihr gelassenes Credo. Und danach handeln sie. Oder noch bequemer, sie lassen es bleiben. Da staunt zwar der protestantische Laie, und selbst der katholische Steinmetz wundert sich. Doch warum sollten sie sich überhasten oder sich gar in Umstände stürzen bei einem Unternehmen, das, wie man weiß, nie ein Ende nimmt?

Auch der im Hochmittelalter begonnene Bau war nicht zuletzt aus diesem Grund irgendwann halbhoch liegen geblieben, ein gotisches Relikt, ein abgebrochener Riese, zuletzt ein Stall für französische Besatzungsgäule. Sein Verfallsdatum war weit überschritten, als die Preußen in Köln das Regiment bekamen, seine Fertigstellung in Angriff nahmen und auch tatsächlich durchexerzierten. Darum steht der Dom bis heute auf ganz unkölsche Weise stramm, strammer als die meisten Besucher, mit Ausnahme der knipsenden Japaner, wenn sie sich vor der Fassade postieren, um sich ebenfalls knipsen zu lassen, und korrekter als auf manchen alten Plänen und neuen Briefmarken, die er vielzackig ziert.

Darum ist auch der Witz, der 1980 in der Sonderausgabe des Kölner Stadt-Anzeigers zum 150-jährigen Jubiläum der Domvollendung zu lesen war, nicht eigentlich ein Kölner Witz. Die Geschichte, aus Bayern eingeflogen wie die Wittelsbacher, wie das Weizenbier und wie meine Wenigkeit, kurvte vorher schon in München herum, „solang' der Alte Peter", der Glockenturm von St. Peter, noch stand. Dann flogen die Bomben, und ansonsten hatte es sich ausgeflogen.

Später, bis zu dessen Wiederherstellung, kam selbst die Erkennungsmelodie des Bayerischen Rundfunks immer nur bis zum Alten Pe... Da ich damals als Schulbub (so heißt das in Bayern) meistens diesen Sender hörte, klingt mir das „Solang' der alte Pe..." noch heute in den Ohren. Es muss auch in jenen Nachkriegsjahren gewesen sein, dass rheinische Besucher den Witz mitgehen ließen wie später die Maßkrüge von der Wies'n und die Handtücher aus den Hotels.

*Zwei Kölner und ein Düsseldorfer stehen auf der Aussichtsplattform des südlichen Domturms. Plötzlich schwingt sich der erste Kölner auf die Brüstung, springt, dreht eine saubere Runde um den Turm und landet wieder. Der zweite schwingt sich ebenfalls hinauf, springt, schafft dieselbe Runde und die gleiche Landung. Jetzt, denkt der Düsseldorfer, bin ich an der Reihe, klettert seinerseits hoch, springt – und fällt wie ein Stein in die Tiefe. Da stupst der eine Kölner grinsend den andern an und sagt: „För Engelcher sin mir zwei janz schön jemein!"*

Warum dieser Witz gar nicht aus Köln stammen kann? Erstens kriegt man einen richtigen Kölner überall hin, aber nicht auf den Dom. Zweitens käme, selbst wenn, kein Kölner je auf die Idee, endlich oben dort auch noch herumzufliegen, nur um einen Düsseldorfer hereinzulegen, nicht einmal als noch so gemeines Engelchen. Und drittens ist dieser Witz auf mich von meinem Opa und auf den von seinem Opa überkommen, und als der ihn von seinem Opa hörte, waren die Domtürme noch gar nicht fertig gebaut. Um was also hätten die Engelchen in Köln überhaupt herumfliegen können?

Es ist übrigens nicht wahr, dass kein Kölner je auf den Domturm gestiegen ist und auch wieder herunter – was, wie Bergsteiger wissen, noch bedeutend schwieriger ist. Ich bin ja zumindest ein halber Kölner und war immerhin schon dreimal droben. Einmal nach meiner Ankunft in Köln, einmal, als mich meine spätere Frau besuchte und noch einmal, um dem unausrottbaren Gerede von der Kölner-freien Domzone nachzugehen oder besser gesagt nachzusteigen und das Ergebnis meiner Recherche in einem Bericht zusammenzufassen, der dann auch im Kölner Stadt-Anzeiger erschien.

Der Blick vom Dom hat sich wenig geändert, wenn man von den störenden Gittern absieht, die dort früher noch nicht waren. Verändert haben sich die Bezugspunkte zwischen damals, als ich noch beinahe wie ein Besucher, und heute, da ich als Bewohner der Stadt von der Plattform nach unten sehe. Damals suchte mein Blick das, was ich als sehenswürdig kannte, die noch stehen gebliebenen Stadttore und die Reste der romanischen Kirchen, die ich – wie Heinrich Böll und die meisten Mitglieder im späteren Förderverein – selbst als Ruinen dem Dom bei weitem vorzog. Heute suche ich nach neu entstandenen Highlights, sehe aber vor allem die baulichen Sünden, deren Köln mehr als moderne Bauschätze hat.

Mein Großvater als alter Kölner hatte sich viel darauf zugute gehalten, dass er das größte Herzeigestück kaiserlich-preußischer Denkmalpflege manchmal ein ganzes Jahr über nicht sah. Dagegen blamierte sich mein etwas renommiersüchtiger Onkel aus dem Allgäu, der angeblich wie überall auch schon in der Domstadt gewesen war.

> *„Wo", fragt man den Heimkehrer, „bist du gewesen?"*
> *„Am Rhein."*
> *„Der Rhein ist lang. Wo am Rhein?"*
> *„In Köln!"*
> *„Und? Hast du den Dom gesehen?"*
> *„Leider nein. Während meines Aufenthalts bin ich über den Bahnhofsvorplatz nicht hinausgekommen!"*

Weder dem Opa noch dem Onkel hätte ich also während meiner Besteigung des Südturms begegnen können. Doch nun, da ich treppab auf der Höhe der Glockenstube eben wieder verschnaufe, kommt er mir entgegen, mein Straßennachbar, ein waschechter Kölner. Immerhin erweist auch er dem alten Gerücht seine Reverenz, denn er meint, sich für seine Anwesenheit bei mir entschuldigen zu müssen: Er habe gerade auswärtigen Besuch, der ihn zur Teilnahme an solchen Exkursionen quasi zwinge.

Als ich mich anschließend unweit des Doms beim Italiener niederlasse, um mich von der Klettertour zu erholen, ist es wieder kein Zufall, dass ich einen dort häufigen Gast, einen Handelskaufmann aus Österreich treffe. Der kann sich, als ich ihm davon erzähle, an zwei boshafte Engel gleichfalls erinnern, allerdings weder aus Köln noch aus München, sondern, für ihn selbstverständlich, aus Wien.

Über die Frage der Erstumkreisung lässt er allerdings nicht mit sich reden. Mit dem landesüblichen Charme schlägt er vor, unbeschadet verschiedener Ortsangaben von denselben zwei Engeln auszugehen, so wie man in verschiedenen Weltreligionen letztendlich auch an ein und dasselbe Himmelreich glaube. Dabei breitet er die Arme aus, als wollte er selbst gleich eine Runde fliegen. Diese Engel, verkündet er, seien schließlich zu keiner Zeit an keinen festen Ort gebunden und könnten fliegen, wohin sie wollen – und das nicht erst, seit christliche Türme in den Himmel aufragen und christliche Flügelwesen ihn bevölkern.

„Türme bieten sich einfach an!" spricht er dann und lässt die Arme dabei wieder sinken. „Doch natürlich gibt es Unterschiede. Zugegeben, ihr habt zwei, wir nur einen. Höher als unserer sind sie auch. Dafür kurvten bei uns um den Stephansdom schon Engel, da konnten sie in Köln so eben um Stephan Lochners Madonna schweben. Doch die Kölner lieben ihren Dom ebenso wie die Wiener ihren Steffl, von den Münchnern und ihrem Alten Peter ganz zu schweigen! Und alle haben denselben Spaß daran, es Besuchern auf ihre eigene humorige Art zu zeigen! Darum sind die Engel auch keine reinen Engel!"

„So gesehen!" Ich nicke.

Von Diebstahl will er trotzdem nichts wissen. Als Österreicher spricht er lieber von Witztransfer, als Kaufmann von Witz-Export-Import, als historisch beleckter Europäer von der großen Witzwanderung und des weiteren, charmant, wie er ist, von liebenswerten Adaptionen, Variationen und Mutationen. Deren, sagt er, gebe es zahllose, und das nicht nur bei diesem einen Witz: „Nehman S' nur die zwei Journalisten! Für mich gengan die, wann überhaupt, an einem Weaner Beisel vorbei!"

Um nicht jeden zu kriminalisieren, der solche Witze nachmacht, verfälscht oder verfälscht in Umlauf bringt, schlägt er mir beiläufig sogar das nun vorliegende eigene Kapitel vor. Dann zahlt er nicht nur seinen Espresso selbst. Er will mir auch sonst nichts schuldig bleiben. „Graf Bobby", fügt er lächelnd hinzu, „sollte in diesem Kapitel auf keinen Fall fehlen."

*Graf Bobby betritt eine Buchhandlung in Wien und verlangt einen Globus.*

„Den Witz kenn' ich!" unterbreche ich ihn.

*„Einen Globus", sagt er, „aber bittschön einen ... "*

„Nur", sage ich, „sagt in Köln der Tünnes zum Schäl ..." „Aber so lassen S' mich doch fertig erzählen"

*„... aber bittschön einen Globus nur von der K&K Donaumonarchie!"*

„Nein, nein!" sage ich. In Köln, sage ich, gehe der Witz ganz anders weiter. Dem Tünnes sei der Globus zunächst mal zu teuer. Das sage er selbstverständlich nicht. Stattdessen sage er:

*„Schäl, der Globus es mer zo jroß. Minge Jung köm och met enem kleineren us."*
*„Do sin ävver nit esu vill Städte drop!"*
*„Ejal, Haupsach, Kölle un Umgebung!"*

Der Österreicher wiegt, schon im Gehen, den Kopf: „Das ist länger. Aber macht es das besser?"

Wo er Recht hat, hat er Recht. Das Mehr an Text – das ist nicht die Welt für mich! Mir fällt scheinbar ohne Zusammenhang der berühmte Tenor Richard Tauber ein, der zur Zeit meines Witze erzählenden Großvaters „Du bist die Welt für mich!" sang. Wie mir ein musikalischer Onkel verriet, war die Melodie aber auch schon entlehnt. Bei Mendelssohn, aus dem Violinkonzert. Und wer sagt mir, woher der sie hatte?

Mittlerweile erkenne ich deutlich die Assoziationskette zwischen Tauber, Donau und Rhein. Für den Kölner, hört man ihn öfter singen als sagen, ist Köln die Welt, für den Wiener Wien. Für Köln ist es der Rhein, für Wien die Donau. Witzfiguren am Rhein heißen Tünnes und Schäl. Die Witzfigur an der Donau heißt Bobby. Der ist Graf und trotteliger als beide, aber er kann es sich erlauben, weil er als adeliger Trottel seinen treuen Diener Johann zur Seite weiß.

Damit hören die Gemeinsamkeiten schon auf. Denn was ihre Welt angeht, trennen sie Welten. Es ist zwar schon eine Weile her, dass die Habsburger ein Weltreich besaßen, aber immerhin, es war einmal eines. Für Graf Bobby besteht denn auch seine Welt aus der alten und für ihn guten K&K Donaumonarchie. Es ist eine untergegangene Welt, die er versucht, für sich zu erhalten. Der Versuch mag vergeblich und leicht trottelig sein. Aber während wir lauthals lachen, schleicht sich leise ein Hauch von Wehmut ein.

Für den Kolner hört seit dem Mittelalter sein Reich streng genommen am Hahnentor auf; selbst der Friedhof Melaten liegt außerhalb. Und darin liegt auch der Hund begraben, wie man salopp zu sagen pflegt. Zu dumm kann der dümmste Tünnes nicht sein, um sein Kind nicht als Kaufgrund vorzuschieben, wenn es darum geht, die Welt kleinzureden, bis sie sich auch der kleine Mann leisten kann. Sehr glaubwürdig wirkt er dabei zwar nicht. Doch irgendeinen Grund muss er haben. Und er bleibt wie bei allen seinen Wünschen auch bei diesem sehr wirklichkeitsbezogen. Er will nicht das gesamte Deutschland haben, geschweige denn die ganze Welt. Er hat sein real existierendes Stadtgebiet samt Umgebung aber durchaus im Blick.

# Der gestohlene Witz

Da man Witze, anders als Gedichte, nicht erst auswendig lernen muss, um sie falsch weitererzählen zu können, gehen sie nach kurzer Zeit ins Volksvermögen über und werden dann von Session zu Session an ihren Bärten durch die Sitzungssäle gezerrt. Die Pointe erkennt man jeweils am Tusch.

Sind die Witze zwar nicht neu, aber wenigstens gut, so bedarf es keiner musikalischen Lachkommandos. Wer die Gabe besitzt, wirklich witzig zu sein, bei dem folgt das Gelächter von allein. Der ernsthafteste Witzbold Amerikas, der Filmemacher Woody Allen, hat in einem Interview diese Erfahrung in etwa so auf die Pointe gebracht:

*Man ist mit irgendwelchen Leuten zusammen. Man sagt irgendetwas. Die Leute lachen. Irgendwie wundert man sich ein wenig. Aber dann lacht man mit. Und dann schreibt man es auf.*

Ich gebe zu, auch ich habe seit Anfang der 70er-Jahre nicht nur alte Witze weitererzählt, bei denen ich mir des Gelächters sicher sein konnte, da ich vorher selbst ja bereits mit anderen über sie gelacht hatte. Ich habe auch jahrelang selbst Witze geschrieben, mit dem ernsten Vorsatz und in dem vollen Wissen, dass sie millionenfach unter die Leute kämen. Dass die Leute auch millionenfach lachen würden, dessen war ich mir allerdings nie so ganz sicher.

Bei Gewittern blitzt es, bevor man über das Donnern erschrickt. Bei Geistesblitzen ist es oft umgekehrt. Die kamen mir 1973 nach einem zwar unerwarteten, doch nicht unbeträchtlichen Schock. Wegen der so genannten Ölkrise gab es zum ersten Mal ein Sonntagsfahrverbot. Doch es gab keinen einzigen Witz darüber.

„Oder kennen Sie zufällig einen?" fragte am Telefon Erhard Kortmann vom „stern". Dabei war ihm sicher klar, dass ich noch gar keinen kennen konnte, und auch mir war klar, dass ihm das klar war. Und dann schrieb ich ihm ein paar. Eigentlich baute ich mir nur immer noch ein altes Witz-Chassis passend zur neuen Straßenlage um und frisierte, wenn nötig, die Pointe. Speziell mit Köln hatte das nichts zu tun. Genauso gut hätte die Situation aber auch für Kölner Witzfreunde und zu Kölner Witzfiguren gepasst.

*Tünnes und Schäl schleichen um einen nagelneuen teuren Wagen herum.*
*„Noch nit ens avjeschlosse!" stellt der eine fest.*
*Und der andere sieht mit einem Blick: „Der Zündschlüssel stich och!"*
*Darauf beide wie aus einem Mund: „Dressfahrverbot!"*

Wieder einmal liegt der Witz bei dem Witz in der zunichte gemachten Erwartung. Autodiebstähle hat es gegeben, seit geparkte

Wagen auf den Straßen stehen. Wenn die Diebe nicht zum Zuge kamen, dann aus Mangel an Gelegenheit: Die Wagen waren zu gut abgeschlossen. Oder sie waren zu gut bewacht. Aber diesmal ist nichts von dem der Fall. Nichts mehr kann die Gesetzesbrecher stoppen – und dann ausgerechnet dieses neue Verbot!

Die Fahrer wiederum lernten schnell, mit der veränderten Straßenlage wie mit allem gelassen umzugehen. Die einen ließen den Wagen stehen. Die anderen gaben sich souverän und ließen sich ihren Snobismus etwas kosten.

*Wegen des Sonntagsfahrverbots wird der Tünnes in seinem Sportkabrio angehalten und zur Kasse gebeten. „Das macht fünfhundert Mark!" sagt der Polizist.*

*Der Tünnes zückt ungerührt seine Brieftasche und streckt dem verblüfften Beamten großspurig vier große Scheine hin: „He sin zwei Mille; jevv mer en Monatskaat!"*

Von der Ölkrise wird nicht mehr gesprochen. Kaum einer kann sich noch an die leeren Autobahnen an vier aufeinander folgenden Sonntagen erinnern, kaum einer an die vollmundigen Sonntagsreden. Keiner erinnert sich mehr an die Benzinsparwitze. Und niemand hat in den dreißig Jahren seither irgendetwas aus alledem gelernt. Das ist selbst für einen altgedienten Witzbold einigermaßen ärgerlich!

Dass alte Witze vergessen werden, kränkte mich dagegen nie. Wie hätten sonst die angeblich neuen eine Chance bekommen können? Streng genommen gibt es gar keine alten Witze, weil es auch keine wirklich neuen gibt. Bestimmte Grundmuster kehren immer wieder, so wie Denkmuster immer wiederkehren, mit vielen klugen Witzbeispielen nachzulesen bei Sigmund Freud.

Meistens fühlt sich der Witzbold ja auch geschmeichelt, wenn einer seiner Witze die Runde und dadurch ernsthaft Karriere macht. Das gilt vor allem, wenn der Scherz auf eigenem Erleben beruht. Professor Lützeler berichtet ausführlich, wie der Urheber einer solchen Geschichte, ein Kölner Poet namens Franz Peter Kürten, ein von ihm erzähltes kölsches Krätzchen (eine kurze heitere Dialektgeschichte) nach einigen Wochen mitten in Köln bereits wieder um die Ohren bekam. Heute sorgen schon die Medien, allen voran die Fernsehanstalten (mit der Übertragung von Büttenreden), aber auch die Tagespresse (durch Rubriken wie „Witz des Tages") für rasche und massenhafte Verbreitung. Mir ist nur ein trauriger Fall bekannt, in dem ein besonders lustiger Vogel als Witze-Klau entlarvt und gerichtlich zur Kasse gebeten wurde. Er hatte sich nicht lange mit dem mühsamen Zusammentragen von Witzbeständen aus dem allgemeinen Volksvermögen aufgehalten, sondern sich das Material für sein Buch aus dem Jahrgang einer Illustrierten zusammengeklaubt. So klagte denn auch nicht ein kleiner Witzemacher, sondern der große Verlagskonzern. Und der Urteilsspruch kam finanziell auch nicht etwa den Autoren zugute, sondern dem Blatt, in dem die Witze zuerst zu lesen gewesen waren. Nicht das womöglich angeborene Witzeln, machte mir dieses Urteil klar, erst das systematische Sammeln von Witzen stellt eine eigenständige schützenswerte Leistung dar. So wird auch das humoristische Volksvermögen stets aufs Neue und nicht immer gerecht verteilt.

Man kann sich aber auch bestohlen fühlen, wenn der weiter verwendete Witz gar nicht auf dem eigenen Mist gewachsen ist.

Es genügt schon, wenn er nicht so zurückkehrt, wie man ihn selbst in Erinnerung hat, weil ihn andere so erzählen, dass man ihn kaum mehr wiedererkennt. Es ist, wie wenn ein altvertrautes Urlaubsgelände in die verkehrten Hände fällt. Oder wenn man ein verliehenes Buch voll mit Eselsohren zurückbekommt. Aber Witze lassen sich nicht schützen, am wenigsten vor schlechten Erzählern.

## Diebstahl

*Man hat mir einen Witz geklaut,*
*den besten, den ich kannte.*
*Ich hatte ihn von meiner Braut –*
*und die von ihrer Tante.*

*Der Witz war alt. Doch wenn ich ihn*
*im Freundeskreise brachte,*
*dann hörte jeder gerne hin*
*und freute sich und lachte.*

*Und dann, dann hat mir diesen Witz*
*mein engster Freund gestohlen*
*und hat mir seinen Diebsbesitz*
*ein halbes Jahr verhohlen.*

*Doch gestern hab' ich ihn bei Schmitts*
*auf frischer Tat erwischt.*
*Da hat der Kerl doch meinen Witz*
*als seinen aufgetischt!*

*Ich saß dabei und tat gequält*
*(denn wie er ausgeht, wusst' ich)*
*und fand den Witz, von ihm erzählt,*
*auch nicht ein bisschen lustig.*

Ich habe mich gegen solche Schandtaten später mit einem lite-
rarischen Kunstgriff gewappnet, besser gesagt mit dem Rückgriff
aufs Gedicht. Das fiel mir schon von klein an nicht schwer, da
mir ebenso wie die Lust zu witzeln auch die Gabe zu reimen angeboren war.

Als ich damals auf meiner Umzugsfahrt das vom Vollmond be-
schienene Rheintal sah und mich die Rheinromantik packte,
fielen mir zum Glück keine eigenen Verse, sondern nur die
Loreley von Heine ein. Ich stelle mir vor, Tünnes und Schäl wären damals mit von der Partie gewesen. Sie hätten mir die Lust
an der Reimerei durch ihre weitaus derberen Späße schnell aus-
getrieben.

In Köln fand ich denn auch an Gereimtem nicht viel. Die
„Heinzelmännchen" stammten von Kopisch, einem Berliner.
Die gebundene Büttenrede hielt nach meiner Erinnerung damals
nur ein Redner mit dem schönen Künstlernamen Amadeus
Gänsekiel hoch. Erst in späteren Jahren rammte ein anderer als
knittelndes Rumpelstilzchen den Versfuß in den Boden.

Der Versvortrag war mehr nach Hofdichter-Geschmack, die
politische Rede nach Hofnarrenart, und beide waren, wie auch
die Hofsänger, traditionell in Mainz zu Haus. In Köln traten
die Witze so prosaisch auf, wie man im Grunde seines Herzens
auch war. Deshalb musste ich auch nie befürchten, dass mir
einer meine gereimten Scherze stahl. Ihrer Reime beraubt hätten
sie danach bestimmt jeden Witz für die Bütt verloren.

Es geschieht übrigens oft genug, dass die Diebe ihrem eigenen Lacherfolg so wenig trauen, dass sie glauben, das gestohlene Witzgut ausdehnen, ausschmücken oder sonstwie verbessern zu müssen – und dass sie es deshalb bis zur Unkenntlichkeit verhunzen, verschlimmbessern und verfälschen. Es müssen auch nicht immer dubiose Freunde sein, die einem die Pointe klauen und versauen. Die nächsten Angehörigen stehlen einem bisweilen nicht nur diese, sondern zugleich die ganze Schau. Aus der englischen Humorzeitschrift „Punch" habe ich einen Cartoon in Erinnerung behalten, der sich genau um diesen potentiellen häuslichen Konflikttherd dreht.

*Zwei ältere Ehepaare sitzen sich vor dem offenen Kamin gegenüber. Man tauscht Erlebnisse aus. Die Gastgeberin ist jedoch mit der Erzählweise ihres Gatten ganz offensichtlich nicht einverstanden, was seinem Gesichtausdruck nach zu schließen diesem ebenso missfällt.*
*„The way my husband tells it makes a better story", sagt sie, „but what really happened was this … "*
*Also ins Kölsche übersetzt: „Wie minge Mann se verzällt, klingk die Story besser – ävver wat tatsächlich passeet wor, es folgendes … "*

Nun sagen Sie mir nicht, der Witz habe auf Englisch besser geklungen als auf Kölsch. Und erzählen Sie mir nicht, ein echter Kölner Witz sei das sowieso nicht; dem „ävver" zum Trotz. Denn wann käme man in Köln schon einmal in eine Wohnung mit echtem englischem Kamin? Was nicht ist, kann schon noch werden, wenn den Witz der Richtige klaut und den passenden Kamin dazu baut, und sei es nur als TV-Kulisse. „Dinner for

One" ist schließlich auch ein englischer Sketch, den in Großbritannien aber kaum jemand kennt. Vom NDR-Fernsehen einst billig produziert, ist er dagegen bei uns seit Jahrzehnten Kult!

Aber halten wir, wenn schon nicht die Witze, dann wenigstens die verschiedenen Arten von Übeltätern fest, die wir bisher ausgemacht haben. Da sind einmal die kleinen Hehler, die Witze einfach weitergeben, die sie aufgeschnappt haben. Da sind zweitens die gerissenen Ganoven, die keinen Witz so belassen, wie er war. Und da sind die professionellen Serientäter, die stolz auf ihre Schandtaten sind.

Außerdem gibt es aber noch einen weiteren Typ des Witz-Erzählers. Denn wie jedes spektakuläre Verbrechen bekanntlich kleinere Kriminelle zu Nachfolgetaten anstiften kann, so ruft ein erfolgreich erzählter Witz fast zwangsläufig bescheidenere Geister mit Nachfolgewitzen auf den Plan. Es sind dies die Trittbrettfahrer des Humors.

Diesen Trittbrettfahrern ist noch nie von selbst ein Witz eingefallen. Geschweige, dass sie jemals den Witz eines anderen in einer anderen Fassung erzählt haben. Solange keiner einen Witz weiß, wissen sie selbst ebenfalls keinen. Solange keiner einen erzählt, kriegen sie auch den Mund nicht auf. Erst muss ein bestimmtes Stichwort fallen, dann wird in ihrem Hirn ein Witzsuchlauf in Gang gesetzt, und schon warten sie mit einem zweiten Witz zu genau demselben Thema auf. Das beschädigt nicht nur alle beiden Witze. Es macht auch die fröhliche Laune kaputt.

Das haben sie mit dem Papageienvogel meiner Tante Else gemeinsam. Der hieß Hansi und saß oft stundenlang auf seiner Stange im Käfig und schwieg. Dabei sah er so aus, als schliefe er. Kaum aber legte meine Tante eine Schallplatte mit guter Musik auf, wie sie sie nannte, schon begann Hansi auf das Lebhafteste dagegen anzuquasseln. Dabei machte er keinen Unterschied zwischen Beethoven, Bettelstudent und Bläck Fööss.

Ich weiß nicht, was meine Tante mehr verärgert hat: Das Störfeuer durch das liebe Tier oder die gelegentlichen Drohungen seitens weniger tierlieber Besucher: „Eines Tages bringe ich dich um!" Ich weiß nur, dass besagter Hansi dennoch eines natürlichen Todes gestorben ist.

Leider kann, wenn man alten Geschichten traut, die Nachplappersucht dieser Urwaldvögel allerdings mehr zuschanden machen als gepflegten Musikgenuss.

*In den Jahren, als man noch mit Braunkohle heizte (oder Klütten, wie die Kölner sie nannten), gab es in Sülz einen Papagei, der täuschend ähnlich den Ruf des Klüttenmanns imitierte, sooft der am Haus vorüberfuhr, und laut und vernehmlich „Briiiketts!" schrie. Der Mann erledigte denn auch jedes Mal prompt die vermeintliche Bestellung, während sich der sprachbegabte Vogel rechtzeitig und von Mal zu Mal tiefer unter das Sofa verziehen musste, um den Wutanfällen seines Herrn zu entgehen, der bald unter Briketts begraben zu werden drohte.*

*Einmal, als er gerade vergeblich die nächste Lieferung zu stoppen versuchte, geriet ihm der Dackel zwischen die Beine. Wütend gab er ihm einen solchen Tritt, dass er aufjaulend quer durch das Zimmer flog und ebenfalls unter dem Sofa landete. Dort empfing ihn der Papagei mit den Worten: „Häste och Briketts bestullt?"*

Nicht nur Papageienvögel tauchen immer gleich in Schwärmen auf. Aus den Witzen mit Tünnes auf Safari wissen wir: Auch ein

Löwe kommt selten allein. Wie es dem Tünnes mit immer noch einem hungrigen Löwen erging, so kann es jedem in jeder Gesellschaft gehen. Wie früher stets neue Hochwasser die Kölner Altstadt überflutet haben, so wird Köln jetzt zu jeder neuen Gelegenheit mit den alten Witzen überschwemmt.

„Da weiß ich auch einen!" lautet eine in jeder Witzrunde gefürchtete Drohung, dicht gefolgt von der Gegendrohung: „Da fällt mir ein noch besserer ein!"

*Der Tünnes will einen Kanarienvogel kaufen. In der Zoohandlung sieht er zwei in einem Käfig, von denen einer aus Leibeskräften singt, während der andere stumm daneben hockt.*
*„Ich nemme dä do!" sagt der Tünnes und weist auf den Sänger.*
*„Tut mir leid, Sie müssen schon beide nehmen", sagt der Verkäufer, „der andere ist der Komponist!"*

Es finden wahre Witzduelle statt, die sich bis zur allseitigen Erschöpfung fortsetzen. Je humorloser die Kombattanten sind, desto unerbittlicher wird um jeden Lacher gerungen. Welcher Witz der ältere oder gar der bessere ist, lässt sich am Ende sowieso nicht mehr feststellen. Geklaut sind sie alle.

*Zwei Kölner Journalisten begegnen sich. „Do soll ald lang su ne Witz vun uns existeere", sagt der eine, „den plappern se enzwesche en Kölle all noh!"*
*„Es hä neu?" fragt der andere.*
*„Och wat. Uralt."*
*„Na, dann soll hä uns doch jestolle blieve."*

# Nachwort

*Der Tünnes steht mutterseelenallein an der Theke in seinem Stammlokal. Es geht ihm, wie es jedem von Zeit zu Zeit geht. Er hat von Witzen die Nase voll. Er hat das letzte Glas Kölsch fast leer. Da sieht er, wie draußen der Schäl von weitem schon wieder genau auf die Kneipe zusteuert.*
*„Ich kann der schäle Kähl nit mih sinn!" sagt er, trinkt aus, bezahlt und geht, ohne eine Pointe zu hinterlassen.*

# Eine kölsche Enzyklopädie des Menschlich-Allzumenschlichen

*„Kölsches als Drama des Lebens. Vorhang auf!"*

(BILD)

**Lück sin och Minsche**
**Enzyklopädie der Kölner Redensarten**
Zusammengestellt und für Imis auch ins
Hochdeutsche übertragen von Rolly Brings
und Christa Bhatt
320 Seiten
Leinen mit Schutzumschlag
Format 17 x 24 cm
**19,90** Euro
ISBN 978-3-7743-0407-9

Herausgegeben von der
Akademie für uns Kölsche Sproch
der SK Stiftung Kultur.

GREVEN VERLAG KÖLN
Einfach schöne Bücher

*„Eine sehr fundierte Kulturgeschichte des Kölner Humors"*

(WDR Resonanzen)

*„Ein literarisches Denkmal, eine beißende Charakterisierung der Kölner, eine gnadenlose Abrechnung mit der Tümelei. Absolut lesenswert"*

(KölnerLeben)

Walter Filz
**Der Affe zu Köln**
**Oder: Petermanns Rache**
240 Seiten mit etwa 50 schwarz-
weißen Abbildungen
Gebunden mit Schutzumschlag
Format 13,7 x 21,5 cm
**16,90** Euro
ISBN 978-3-7743-0470-3

# Peter Honnens Pionierwerk bereits in sechster Auflage

*„Dem Volk aufs Maul schauen – eine Lücke, die das Buch auf höchst vergnügliche Weise aufarbeitet"*

(Rheinische Post)

Peter Honnen
**Kappes, Knies und Klüngel**
**Regionalwörterbuch des Rheinlands**
226 Seiten
Klappenbroschur
Format 13 x 21 cm
**9,90** Euro
ISBN 978-3-7743-0337-9